de School - el colegio   2
de Törn - el viaje   5
de Transport - el transporte   8
de Stadt - la ciudad   10
de Landschop - el paisaje   14
dat Spieslokal - el restaurante   17
de Supermarkt - el supermercado   20
de Drünk - las bebidas   22
dat Eten - la comida   23
de Buernhoff - la granja   27
dat Huus - la casa   31
de Wahnstuuv - el living   33
de Köök - la cocina   35
de Baadstuuv - el baño   38
de Kinnerstuuv - el cuarto de los chicos   42
dat Tüüch - la ropa   44
dat Büro - la oficina   49
de Weertschop - la economía   51
de Profeschonen - las ocupaciones   53
dat Warktüüch - las herramientas   56
de Musikinstrumenten - los instrumentos musicales   57
de Deertenpark - el zoológico   59
de Sport - los deportes   62
de Aktivitäten - las actividades   63
de Familje - la familia   67
de Lief - el cuerpo   68
dat Krankenhuus - el hospital   72
de Nootfall - la emergencia   76
de Eerd - la Tierra   77
de Klock - el reloj   79
de Week - la semana   80
dat Johr - el año   81
de Formen - las formas   83
de Farven - colores   84
de Gegendelen - los opuestos   85
de Tallen - los números   88
de Spraken - los idiomas   90
wokeen / wat / wo - quién / qué / cómo   91
wo - dónde   92

Impressum
Verlag: BABADADA GmbH, Nedderfeld 112 , 22529 Hamburg
Geschäftsführer / Verlagsleitung: Harald Hof
Druck: Books on Demand GmbH, In de Tarpen 42, 22848 Norderstedt

Imprint
Publisher: BABADADA GmbH, Nedderfeld 112 , 22529 Hamburg, Germany
Managing Director / Publishing direction: Harald Hof
Print: Books on Demand GmbH, In de Tarpen 42, 22848 Norderstedt

de School

el colegio

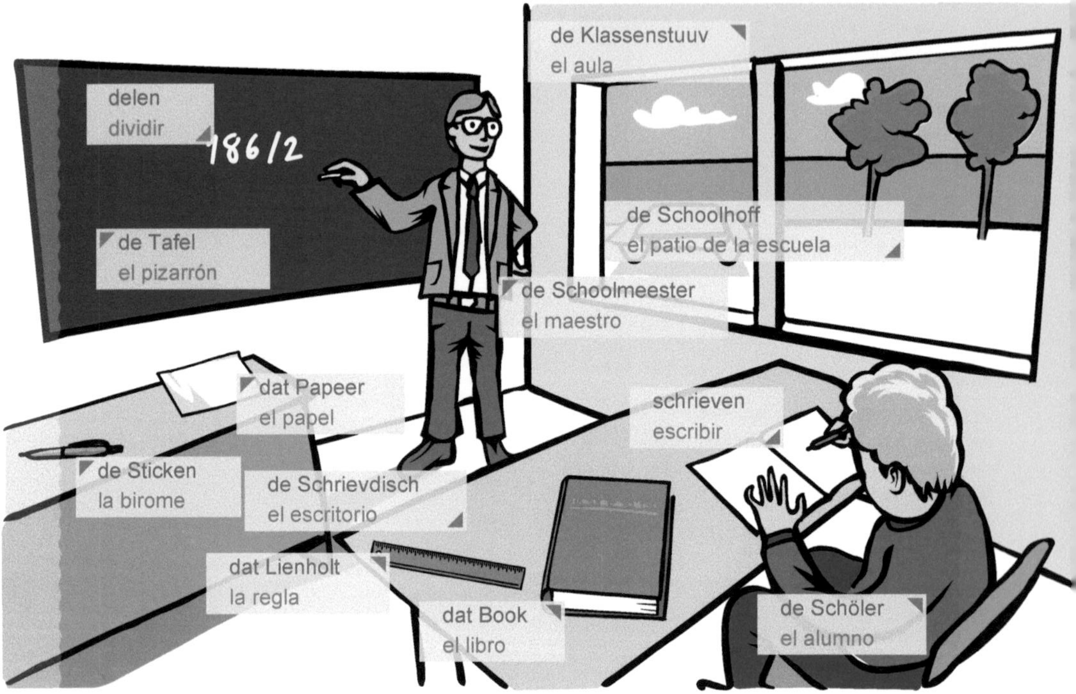

de Klassenstuuv
el aula
delen
dividir
186/2
de Tafel
el pizarrón
de Schoolhoff
el patio de la escuela
de Schoolmeester
el maestro
dat Papeer
el papel
schrieven
escribir
de Sticken
la birome
de Schrievdisch
el escritorio
dat Lienholt
la regla
dat Book
el libro
de Schöler
el alumno

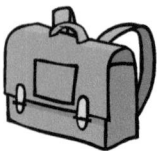

de Ranzel

la mochila

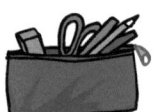

de Feddermapp

la caja de lápices

de Bleesticken

el lápiz

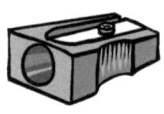

de Scharpmaker

el sacapuntas

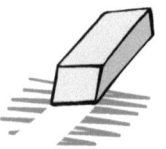

dat Radeergummi

la goma (de borrar)

de Tekenblock

el bloc de dibujo

de Teken
el dibujo

de Pinsel
el pincel

de Malkassen
la caja de pinturas

de Scheer
la tijera

de Klever
el pegamento

dat Heft to'n Öven
el cuaderno de ejercicios

de Huusopgaav
la tarea

de Tall
el número

2+2

tohooptellen
sumar

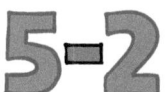

aftrecken
restar

2×2

malnehmen
multiplicar

reken
calcular

de Bookstaav
la letra

ABCDEFG
HIJKLMN
OPQRSTU
VWXYZ

dat ABC
el abecedario

dat Woort
la palabra

de Text
....
el texto

lesen
....
leer

de Kried
....
la tiza

de Stunn
....
la lección

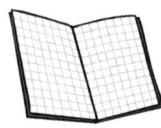

dat Klassenbook
....
el cuaderno de clase

de Pröven
....
el examen

dat Tüügnis
....
el certificado

de Schooluniform
....
el uniforme escolar

de Utbillen
....
la educación

dat Nakieksel
....
la enciclopedia

de Universität
....
la universidad

dat Mikroskop
....
el microscopio

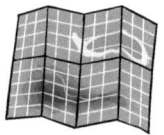

de Koort
....
el mapa

de Papeerkorf
....
el tacho (de basura)

de Törn
el viaje

dat Hotel
el hotel
Grand
de Harbarg
el hostel
ROOMS
de Wesselstuuv
la casa de cambio
EXCHANGE
de Kuffer
la valija
dat Auto
el auto

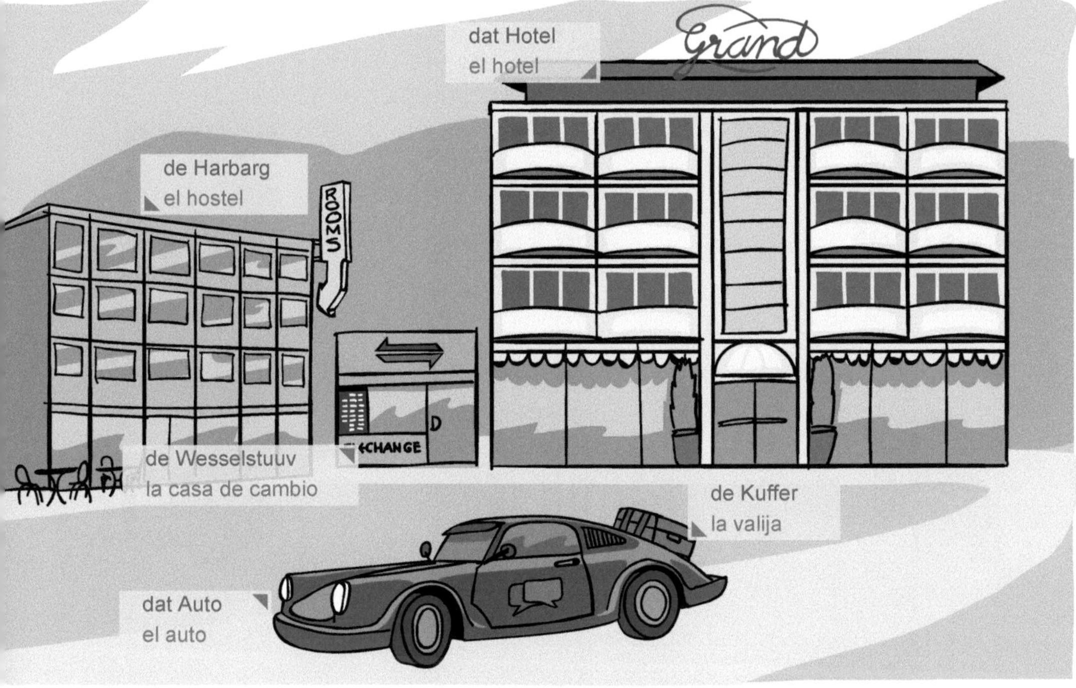

de Spraak

el idioma

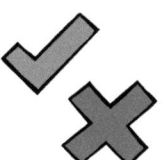

jo / ne

sí / no

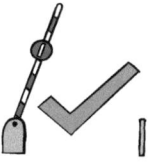

Jo

Está bien

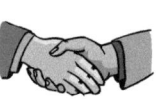

Moin

hola

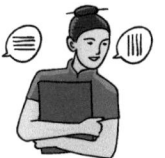

de Översetter

el traductor

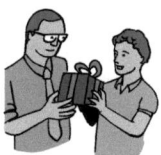

Dank ok

Gracias

Wat kost…?

¿cuánto cuesta…?

Ik verstah nich

No entiendo

dat Problem

el problema

Goden Avend

¡Buenas tardes!

Moin!

¡Buenos días!

Gode Nacht!

¡Buenas noches!

Tschüüs

el adiós

de Richt

la dirección

de Bagaasch

el equipaje

de Tasch

el bolso

de Rüchsack

la mochila

de Gast

el invitado

de Stuuv

la habitación

de Slaapsack

la bolsa de dormir

dat Telt

la carpa

de Touristeninformatschoon

la información turística

de Strand

la playa

de Kreditkoort

la tarjeta de crédito

dat Fröhstück

el desayuno

dat Meddageten

el almuerzo

dat Avendeten

la cena

de Fohrkort

el pasaje

de Fohrstohl

el ascensor

de Breefmark

el sello

de Grenz

la frontera

de Toll

la aduana

de Bottschop

la embajada

dat Visum

la visa

de Pass

el pasaporte

de Törn - el viaje

de Transport
el transporte

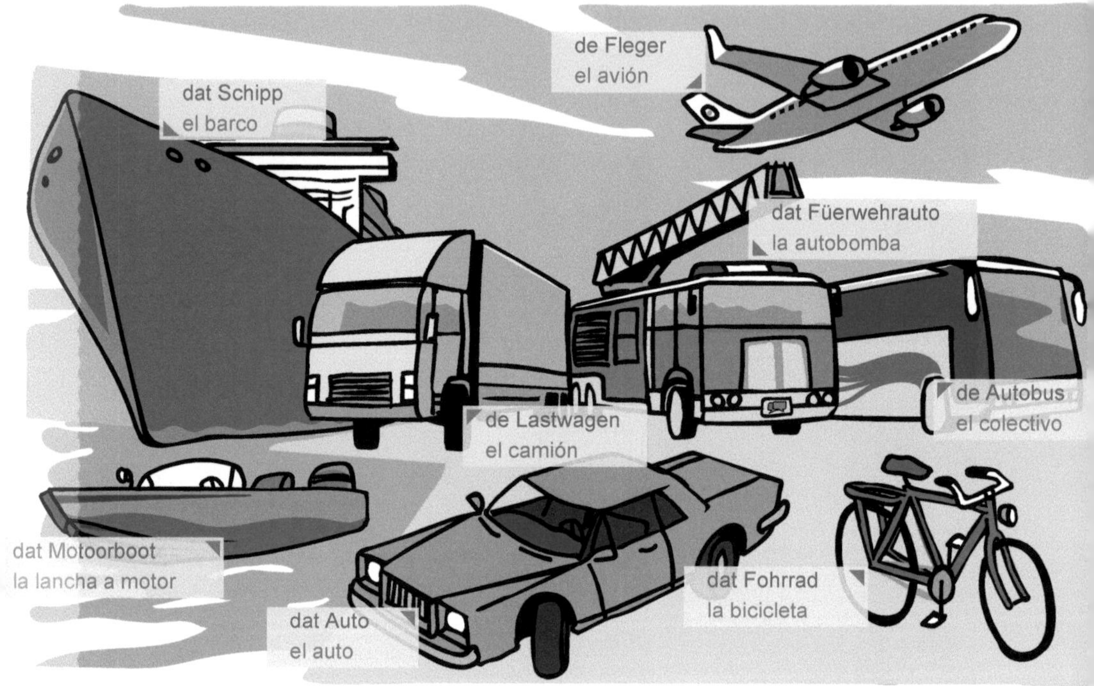

de Fleger
el avión
dat Schipp
el barco
dat Füerwehrauto
la autobomba
de Autobus
el colectivo
de Lastwagen
el camión
dat Motoorboot
la lancha a motor
dat Fohrrad
la bicicleta
dat Auto
el auto

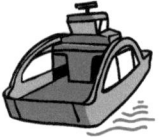

de Fähr

el ferry

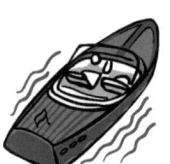

dat Boot

el bote

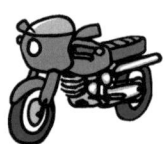

dat Motoorrad

la moto

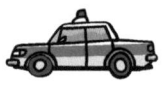

dat Polizeiauto

el patrullero

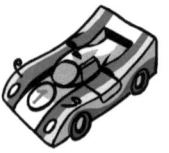

dat Rönnauto

el auto de carreras

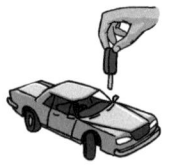

de Lehnwagen

el auto de alquiler

dat Carsharing

el alquiler de autos

de Afsleepwagen

la grúa

dat Müllauto

el camión de la basura

de Motoor

el motor

de Kraftstoff

la nafta

de Tanksteed

la estación de servicio

dat Verkehrsschild

la señal de tránsito

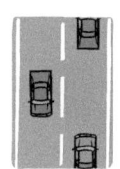

de Verkehr

el tránsito

de Stau

el embotellamiento

de Afstellplatz

el estacionamiento

de Bahnhoff

la estación de tren

de Sporen

las vías

de Tog

el tren

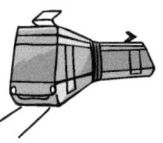

de Stratenbahn

el tranvía

de Wagon

el vagón

de Dwarsmöhl

el helicóptero

de Flooghaven

el aeropuerto

de Tower

la torre

de Fohrgast

el pasajero

de Grootkist

el contenedor

de Karton

la caja de cartón

de Koor

la carretilla

de Korf

la canasta

starten / lannen

despegar / aterrizar

de Stadt
la ciudad

dat Dörp

el pueblo

de Binnenstadt

el centro de la ciudad

dat Huus

la casa

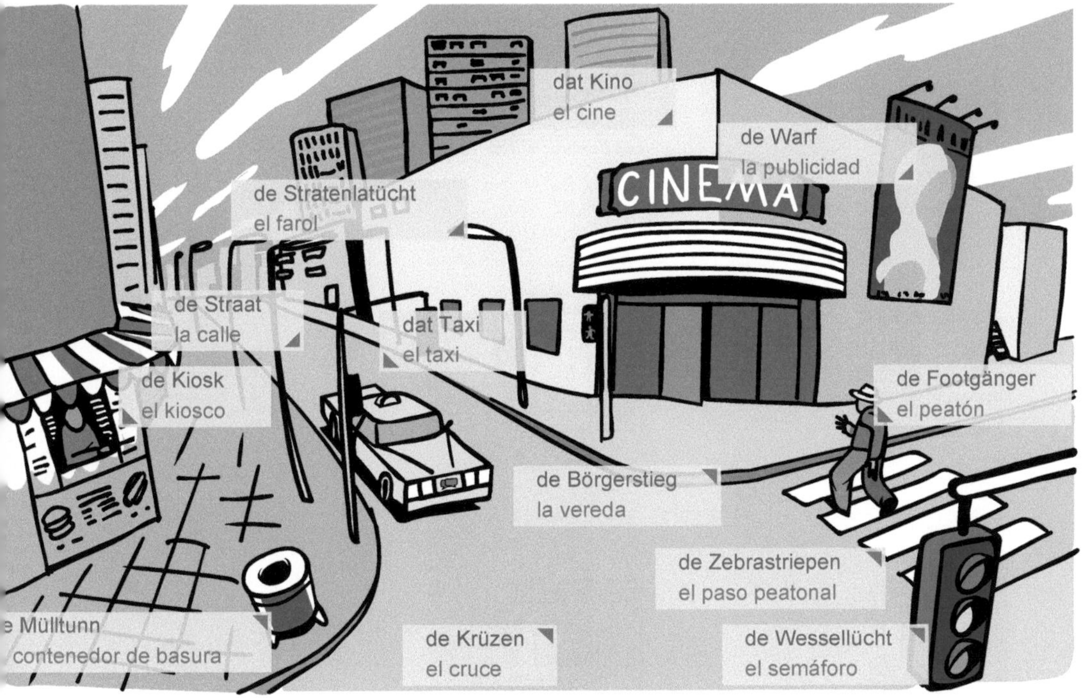

dat Kino
el cine
de Warf
la publicidad
CINEMA
de Stratenlatücht
el farol
de Straat
la calle
dat Taxi
el taxi
de Kiosk
el kiosco
de Footgänger
el peatón
de Börgerstieg
la vereda
de Zebrastriepen
el paso peatonal
e Mülltunn
contenedor de basura
de Krüzen
el cruce
de Wessellücht
el semáforo

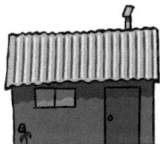

de Hütt

la cabaña

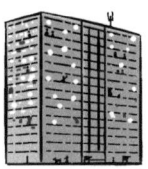

de Wahnung

el departamento

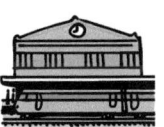

de Bahnhoff

la estación de tren

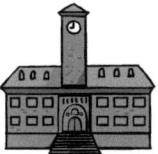

dat Raathuus

la municipalidad

MUSEUM

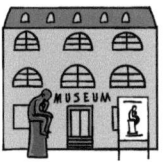

dat Museum

el museo

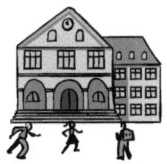

de School

el colegio

de Universität

la universidad

de Bank

el banco

dat Krankenhuus

el hospital

dat Hotel

el hotel

de Afteek

la farmacia

dat Büro

la oficina

de Bookhökerie

la librería

de Hökerie

el negocio

de Blomenhökerie

la florería

de Supermarkt

el supermercado

de Markt

el mercado

dat Koophuus

las grandes tiendas

de Fischhökerie

la pescadería

dat Inkoopszentrum

el centro comercial

de Haven

el puerto

de Parkanlaag

el parque

de Bank

el banco

de Brüch

el puente

de Trepp

las escaleras

de Ünnergrundbahn

el subte

de Tunnel

el túnel

de Busstoppsteed

la parada del colectivo

de Bar

el bar

dat Spieslokal

el restaurante

de Breefkassen

el buzón

dat Stratenschild

el letrero

de Parkklock

el parquímetro

de Deertenpark

el zoológico

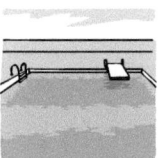

de Baadanstalt

la pileta

de Moschee

la mezquita

de Buernhoff

la granja

de Ümweltversmudden

la contaminación

de Karkhoff

el cementerio

de Kark

la iglesia

de Speelplatz

los juegos infantiles

de Tempel

el templo

de Landschop
el paisaje

dat Blatt
la hoja

de Wiespahl
el poste indicador

de Weg
el camino

de Wisch
la pradera

de Steen
la piedra

de Wannerer
el excursionista

de Boom
el árbol

de Fluss
el río

dat Gras
la hierba

de Bloom
la flor

dat Daal

el valle

de Barg

la montaña

de See

el lago

dat Holt

el bosque

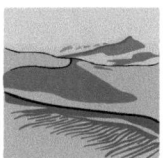

de Wööst

el desierto

de Füerspien Barg

el volcán

dat Slott

el castillo

de Regenbagen

el arco iris

de Poggenstohl

el champiñón

de Palm

la palmera

de Steekmück

el mosquito

de Fleeg

la mosca

de Miegeemk

la hormiga

de Imm

la abeja

de Spinn

la araña

de Sebber

el escarabajo

de Pogg

la rana

de Katteker

la ardilla

de Swienegel

el erizo

de Haas

la liebre

de Uul

la lechuza

de Vagel

el pájaro

de Swaan

el cisne

dat Wildswien

el jabalí

de Hirsch

el ciervo

de Elk

el alce

de Staudamm

la presa

dat Windrad

el aerogenerador

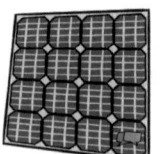

dat Solarmodul

el panel solar

dat Klima

el clima

dat Spieslokal
el restaurante

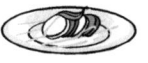

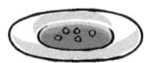

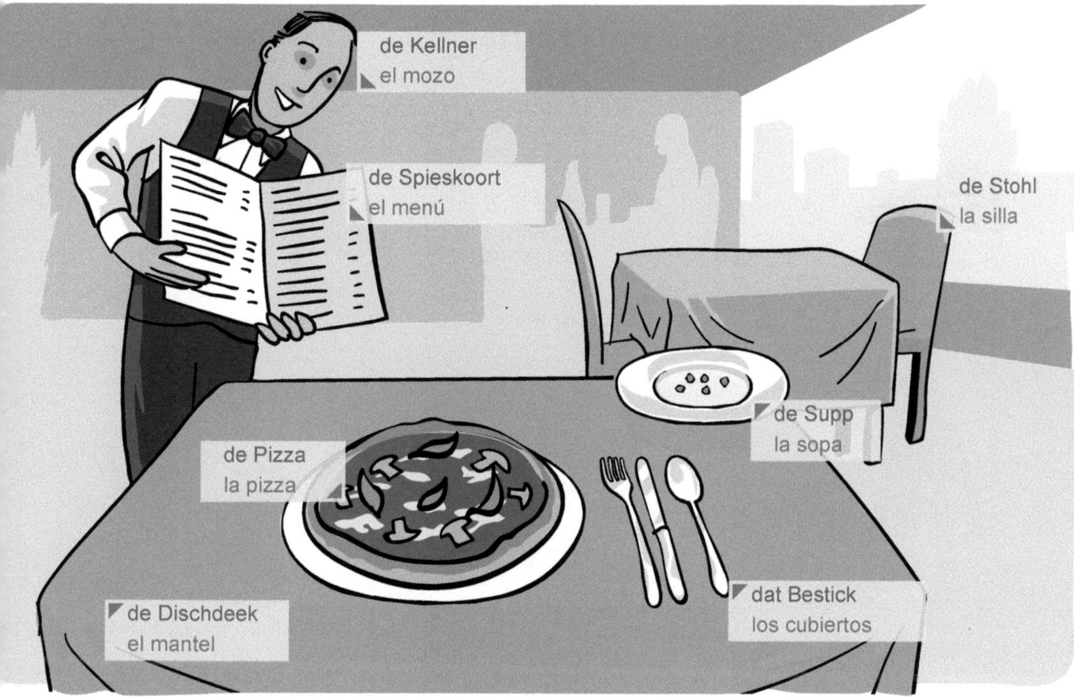
de Kellner
el mozo
de Spieskoort
el menú
de Stohl
la silla
de Supp
la sopa
de Pizza
la pizza
dat Bestick
los cubiertos
de Dischdeek
el mantel

de Vörspies

la entrada

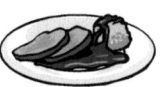

dat Haupteten

el plato principal

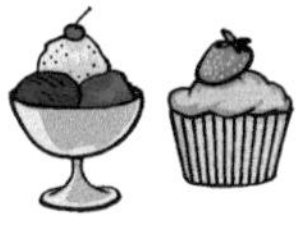

de Nadisch

el postre

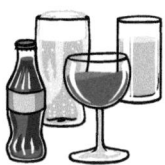

de Drünk

las bebidas

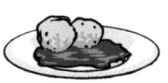

dat Eten

la comida

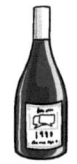

de Buddel

la botella

dat Fastfood

la comida rápida

dat Strateneten

la comida callejera

de Teekann

la tetera

de Zuckerdoos

la azucarera

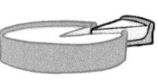

de Portschoon

la porción

de Espressomaschien

la cafetera expreso

de Hoochstohl

la sillita alta

de Reken

la cuenta

dat Tablett

la bandeja

dat Mess

el cuchillo

de Gavel

el tenedor

de Lepel

la cuchara

de Teelepel

la cucharita

dat Munddook

la servilleta

dat Glas

el vaso

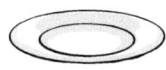

de Töller

el plato

de Suppentöller

el plato hondo

de Ünnertass

el plato

de Sooß

la salsa

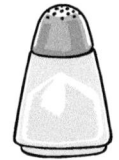

de Soltstreuer

el salero

de Pepermöhl

el molinillo de pimienta

de Etig

el vinagre

dat Ööl

el aceite

de Krüder

las especias

de Ketchup

el kétchup

de Mostrich

la mostaza

de Mayonnaise

la mayonesa

de Supermarkt
el supermercado

dat Anbott
la oferta especial
FOR
de Kunn
el cliente
de Melkprodukten
los lácteos
dat Aaft
la fruta
de Inkoopswagen
el changuito

BUTCHERS

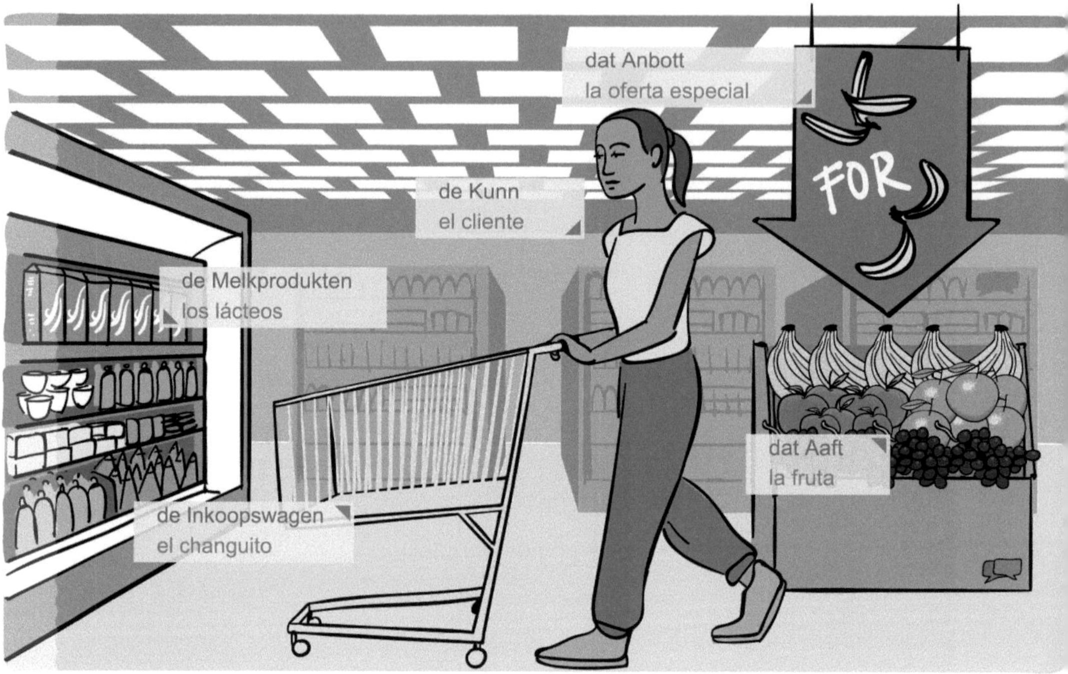

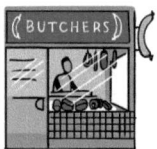

de Slachterie

la carnicería

BAKERY

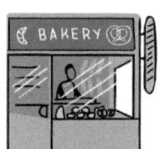

de Bäckerie

la panadería

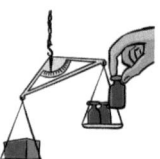

wegen

pesar

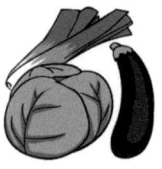

de Gröönsaken

las verduras

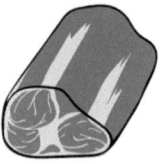

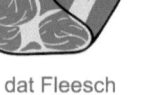

dat Fleesch

la carne

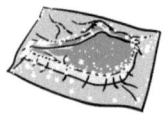

de Deepköhlkost

los alimentos congelados

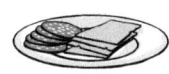

de Opsnitt

los fiambres

de Konserven

los alimentos enlatados

de Waschmiddel

el detergente en polvo

de Snoopkraam

las golosinas

de Huushooltssaken

los electrodomésticos

de Reinmaaktüüch

los productos de limpieza

de Verköpersche

la vendedora

de Kass

la caja

de Kasserer

el cajero

de Inkoopslist

la lista de compras

de Opsparrtieden

el horario de atención

de Breeftasch

la billetera

de Kreditkoort

la tarjeta de crédito

de Tasch

la cartera

de Plastiktüüt

la bolsa de plástico

dat Water

el agua

de Saft

el jugo

de Melk

la leche

de Cola

la bebida cola

de Wien

el vino

dat Beer

la cerveza

de Spriet

el alcohol

de Kakao

el cacao

de Tee

el té

de Koffie

el café

de Espresso

el café expreso

de Cappucino

el cappuccino

de Banaan

la banana

de Appel

la manzana

de Appelsien

la naranja

de Meloon

el melón

de Zitroon

el limón

de Wöttel

la zanahoria

de Knuuvlook

el ajo

de Bambus

el bambú

de Zibbel

la cebolla

de Poggenstohl

el champiñón

de Nööt

las nueces

de Nudeln

los fideos

de Spaghetti

los tallarines

de Ries

el arroz

de Salat

la ensalada

de Pommes frites

las papas fritas

de Braadkantüffeln

las papas fritas

de Pizza

la pizza

de Hamborger

la hamburguesa

dat Sandwich

el sándwich

dat Snitzel

el churrasco

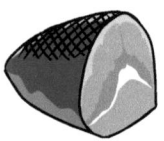

de Schinken

el jamón

de Salami

el salame

de Wust

la salchicha

dat Hohn

el pollo

de Braden

el asado

de Fisch

el pescado

de Haverflocken

los copos de avena

dat Müsli

el muesli

de Cornflakes

los copos de maíz

dat Mehl

la harina

de Croissant

la medialuna

dat Rundstück

el pancito

dat Broot

el pan

dat Toast

la tostada

de Keksen

las galletitas

de Botter

la manteca

de Quark

la cuajada

de Koken

la torta

dat Ei

el huevo

dat Spegelei

el huevo frito

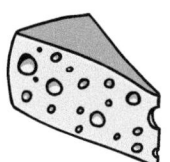

de Kees

el queso

de Ies
el helado

de Zucker
el azúcar

de Honnig
la miel

de Marmelaad
la mermelada

de Nougat-Creme
la pasta de chocolate

dat Curry
el curry

de Buernhoff
la granja

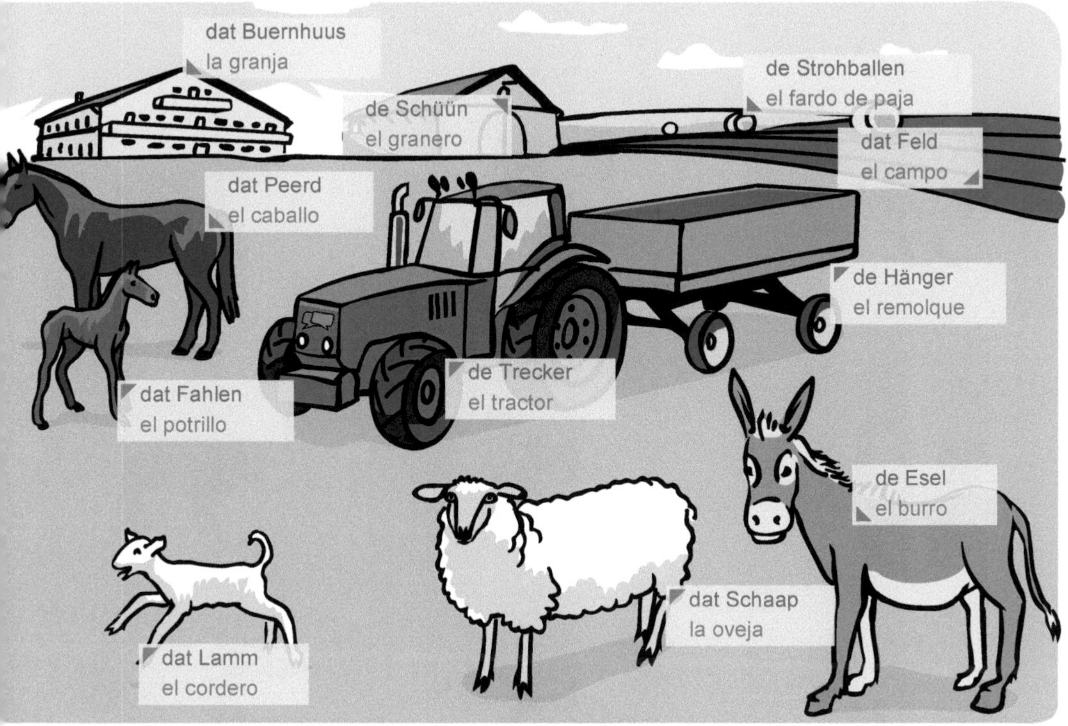
dat Buernhuus
la granja
de Schüün
el granero
de Strohballen
el fardo de paja
dat Feld
el campo
dat Peerd
el caballo
de Hänger
el remolque
de Trecker
el tractor
dat Fahlen
el potrillo
de Esel
el burro
dat Schaap
la oveja
dat Lamm
el cordero

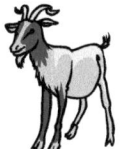

de Zeeg

la cabra

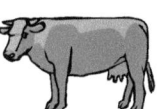

de Koh

la vaca

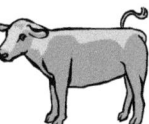

dat Kalf

el ternero

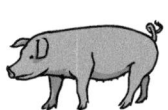

dat Swien

el cerdo

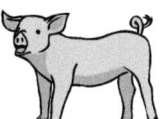

dat Farken

el lechón

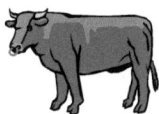

de Bull

el toro

de Goos

el ganso

de Aant

el pato

dat Küken

el pollo

dat Hohn

la gallina

de Hahn

el gallo

de Rott

la rata

de Katt

el gato

de Muus

el ratón

de Oss

el buey

de Hund

el perro

de Hunnenhütt

la cucha

de Goornslauch

la manguera

de Geetkann

la regadera

de Lee

la guadaña

de Ploog

el arado

de Sich
la hoz

de Hack
la azada

de Mestfork
la horquilla

de Ext
el hacha

de Schuufkoor
la carretilla

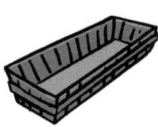

de Trog
el abrevadero

de Melkkann
la lechera

de Sack
la bolsa

de Tuun
la reja

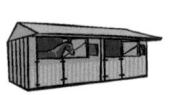

de Stall
el establo

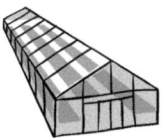

dat Drievhuus
el invernadero

de Bodden
el suelo

de Saat
la semilla

de Dünger
el fertilizador

de Meihdöscher
la cosechadora

oornen
cosechar

de Oorn
la cosecha

de Yamswöttel
las batatas

de Weten
el trigo

dat Soja
la soja

de Kantüffel
la papa

de Törksche Weten
el maíz

de Rapp
la semilla de colza

de Aaftboom
el árbol frutal

de Troopsch Kantüffel
la mandioca

dat Koorn
los cereales

dat Huus
la casa

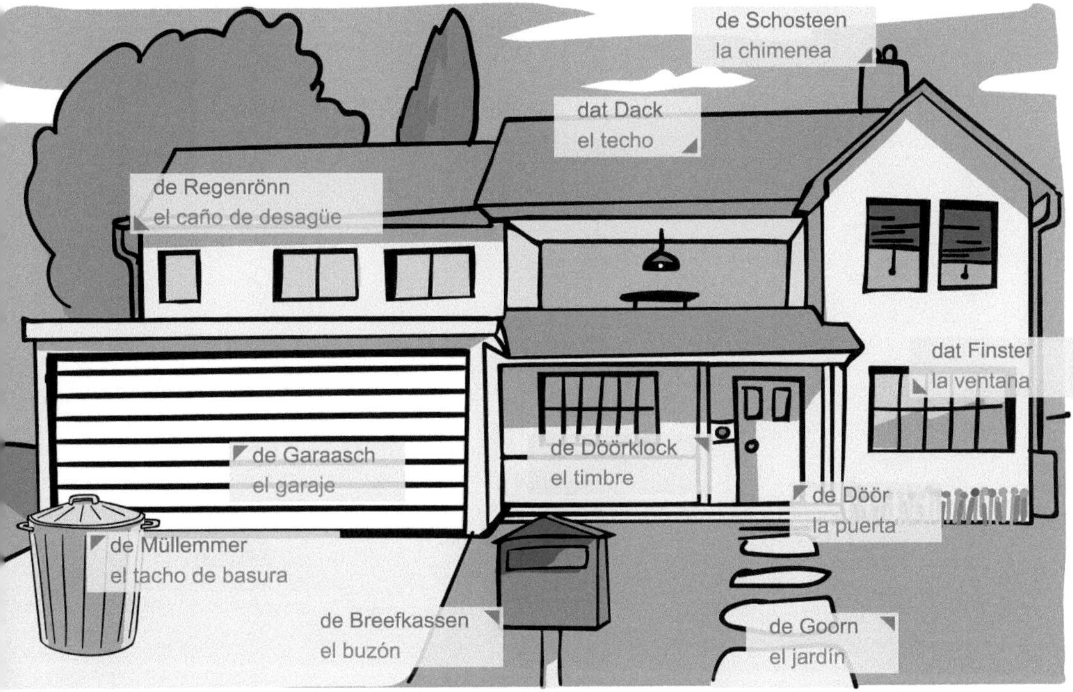
de Schosteen
la chimenea
dat Dack
el techo
de Regenrönn
el caño de desagüe
dat Finster
la ventana
de Garaasch
el garaje
de Döörklock
el timbre
de Döör
la puerta
de Müllemmer
el tacho de basura
de Breefkassen
el buzón
de Goorn
el jardín

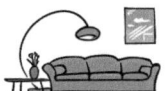

de Wahnstuuv

el living

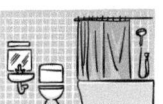

de Baadstuuv

el baño

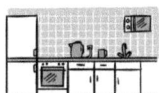

de Köök

la cocina

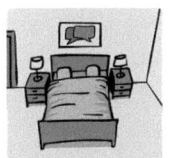

de Slaapstuuv

el dormitorio

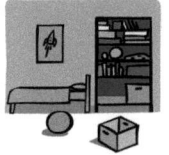

de Kinnerstuuv

el cuarto de los chicos

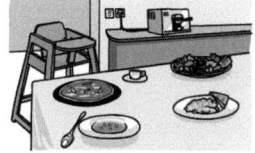

de Eetstuuv

el comedor

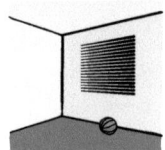

de Footbodden

el piso

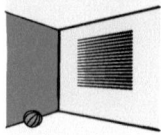

de Wand

la pared

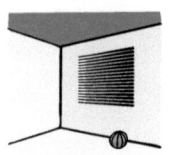

de Deek

el cielorraso

de Keller

el sótano

dat Hittluftbad

el sauna

de Balkon

el balcón

de Terrass

la terraza

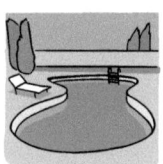

dat Swümmbad

la pileta

de Rasenmeiher

la cortadora de pasto

de Bettbetog

la sábana

de Bettdeek

el acolchado

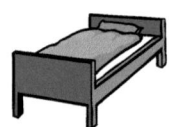

de Puuch

la cama

de Bessen

la escoba

de Emmer

el balde

de Schalter

el interruptor

de Wahnstuuv
el living

de Tapeet
el empapelado
dat Bild
la imagen
de Lamp
la lámpara
dat Regal
el estante
dat Schapp
el armario
de Kiekkassen
la televisión
de Kamin
la chimenea
de Bloom
la flor
dat Küssen
el almohadón
dat Sofa
el sofá
de Vaas
el florero
de Feernbedenen
el control remoto

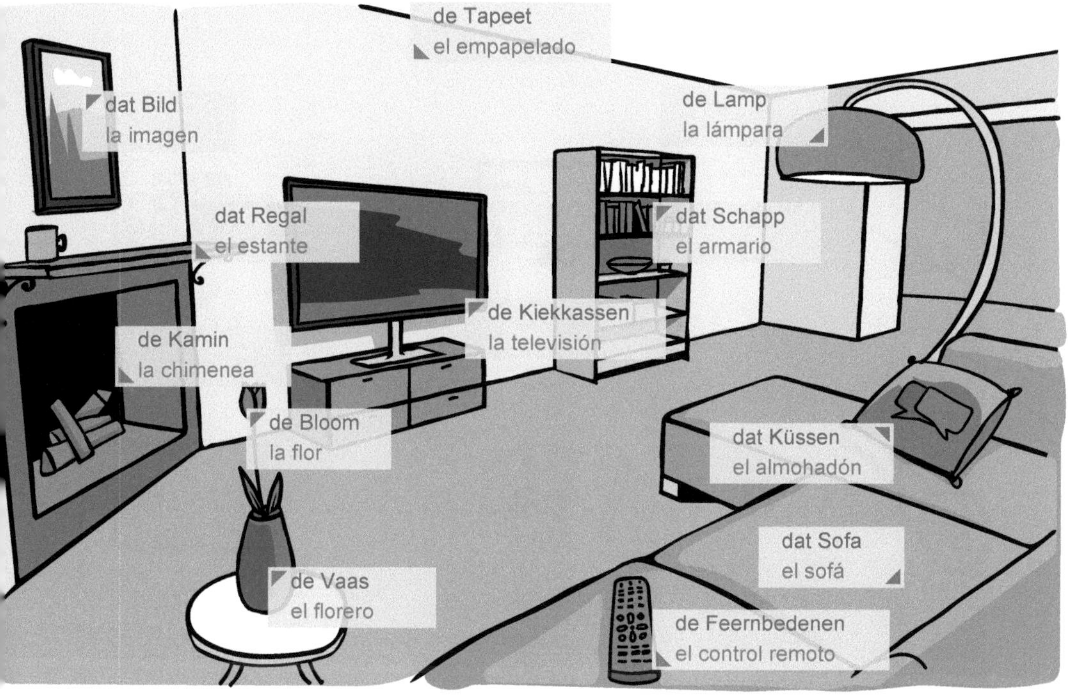

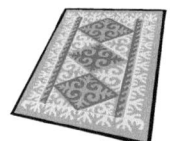

de Teppich

la alfombra

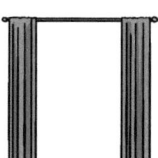

de Vörhang

la cortina

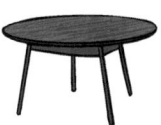

de Disch

la mesa

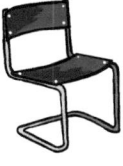

de Stohl

la silla

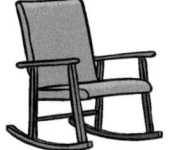

de Schuckelstohl

la mecedora

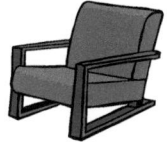

de Sessel

el sillón

dat Book

el libro

de Deek

la frazada

de Dekoratschoon

la decoración

dat Füerholt

la leña

de Film

la película

de Stereoanlaag

el equipo de música

de Slötel

la llave

dat Narichtenblatt

el diario

dat Gemälde

la pintura

dat Poster

el póster

dat Radio

la radio

de Opschrievblock

el cuaderno

de Huulbessen

la aspiradora

de Kaktus

el cactus

de Kars

la vela

de Köök
la cocina

dat Köhlschapp
la heladera
de Mikrowell
el microondas
de Kökenwaag
la balanza de cocina
de Toaster
la tostadora
dat Reinmaakmiddel
el detergente
de Backaven
el horno
dat Gefreerfack
el freezer
de Müllemmer
el tacho de basura
de Opwaschmaschien
el lavaplatos

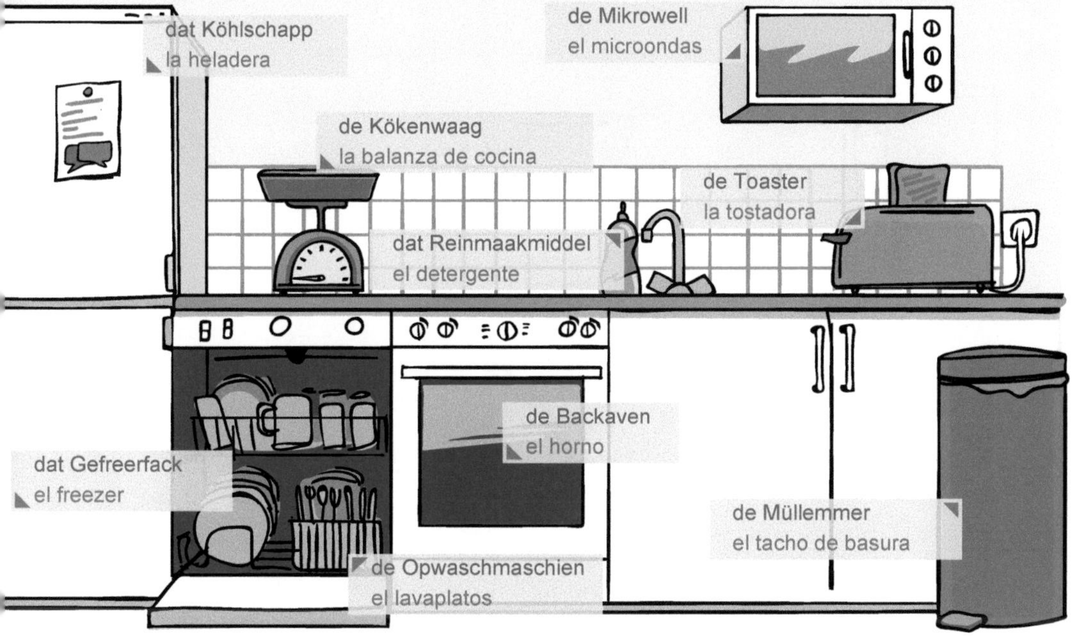

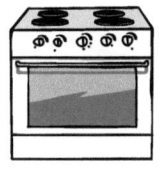

de Heerd

la cocina

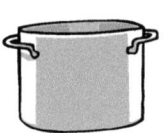

de Pott

la olla

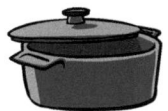

de Gussiesern Putt

la olla de hierro fundido

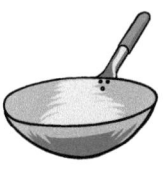

de Wok / Kadai

el wok

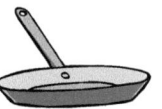

de Pann

la sartén

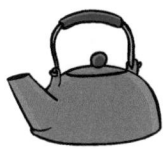

de Waterkaker

la pava

de Dampkaakputt

la vaporera

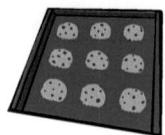

dat Backblick

la bandeja de horno

dat Geschirr

la vajilla

de Beker

la taza

de Schaal

el bol

de Eetsticken

los palitos

de Suppenkell

el cucharón

de Pannenwenner

la espátula

de Sneebessen

la batidora

dat Kaakseef

el colador

dat Seef

el colador

de Riev

el rallador

de Mörser

el mortero

de Grill

la parrilla

de Füerstell

la fogata

dat Sniedbrett

la tabla de picar

dat Nudelholt

el palo de amasar

de Proppentrecker

el sacacorchos

de Doos

la lata

de Dosenaapner

el abrelatas

de Pottlappen

la manopla

dat Waschbecken

la pileta

de Böst

el cepillo

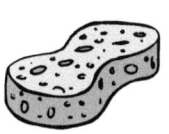

de Swamm

la esponja

de Mixer

la batidora

dat Iesschapp

el congelador

de Nuckelbuddel

la mamadera

de Waterhahn

la canilla

de Baadstuuv
el baño

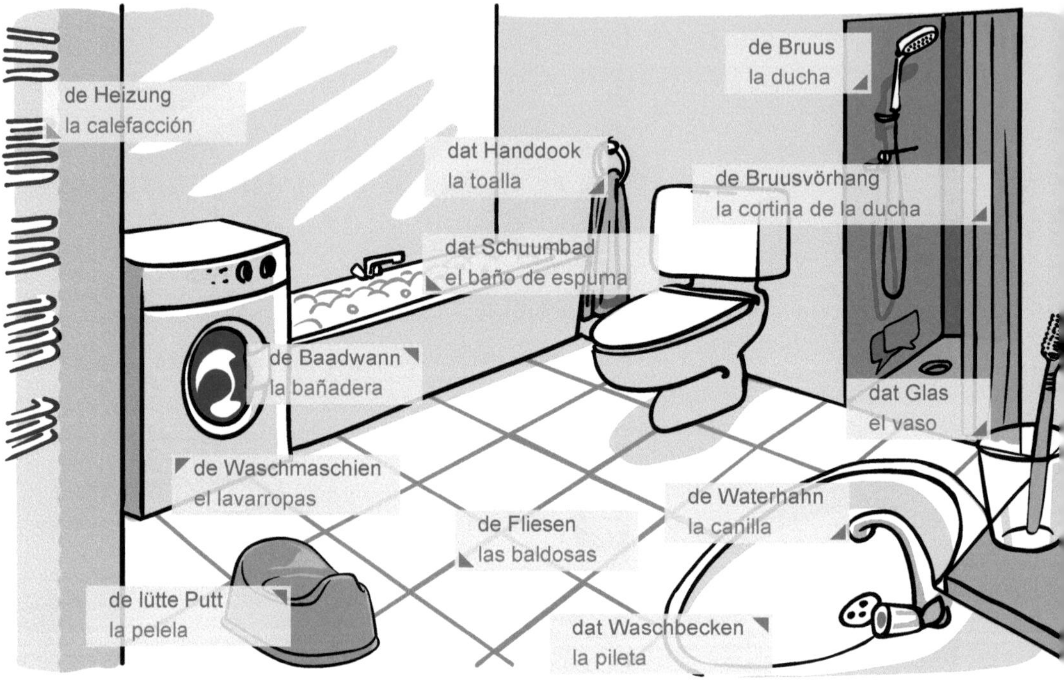

de Heizung
la calefacción
dat Handdook
la toalla
de Bruus
la ducha
de Bruusvörhang
la cortina de la ducha
dat Schuumbad
el baño de espuma
de Baadwann
la bañadera
dat Glas
el vaso
de Waschmaschien
el lavarropas
de Waterhahn
la canilla
de Fliesen
las baldosas
de lütte Putt
la pelela
dat Waschbecken
la pileta

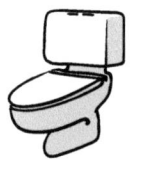

de Tante Meier

el inodoro

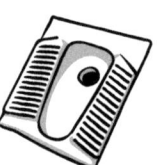

de Hockklo

la letrina

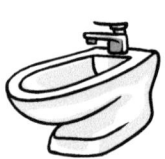

dat Bidet

el bidé

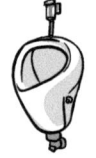

dat Miegbecken

el mingitorio

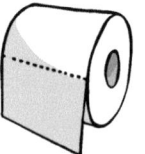

dat Klopapeer

el papel higiénico

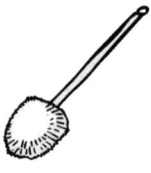

de Kloböst

el cepillo para el inodoro

de Tähnböst

el cepillo de dientes

de Tähnpast

el dentífrico

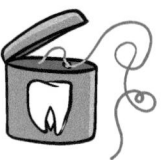

de Tähnsied

el hilo dental

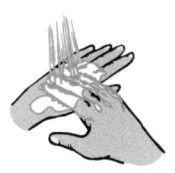

waschen

lavar

de Handbruus

la ducha de mano

de Intimbruus

la ducha higiénica

de Waschschöttel

la palangana

de Rüchböst

el cepillo para la espalda

de Seep

el jabón

dat Bruusgeel

el gel de ducha

dat Hoorwaschmiddel

el shampoo

de Waschlappen

la toallita

de Afloop

el desagüe

de Creme

la crema

dat Deodorant

el desodorante

de Spegel

el espejo

de Kosmetikspegel

el espejito

de Raserer

la maquinita de afeitar

de Raseerschuum

la espuma de afeitar

dat Raseerwater

el aftershave

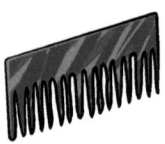

de Kamm

el peine

de Böst

el cepillo

de Hoordröger

el secador de pelo

dat Hoorspray

el spray

de Smink

el maquillaje

de Lippensticken

el lápiz de labios

de Nagellack

el esmalte para uñas

de Watt

el algodón

de Nagelscheer

la tijera para uñas

dat Rüükwater

el perfume

de Kulturbüdel

el portacosméticos

de Schemel

la banqueta

de Waag

la balanza

de Baadmantel

la bata

de Gummihanschen

los guantes de goma

de Tampon

el tampón

de Damenbinn

la toallita femenina

dat Chemieklo

el baño químico

de Kinnerstuuv
el cuarto de los chicos

de Wecker
el despertador
dat Knudeldeert
el peluche
dat Speeltüüchauto
el coche de juguete
de Klöter
el sonajero
dat Poppenhuus
la casa de muñecas
dat Geschenk
el regalo

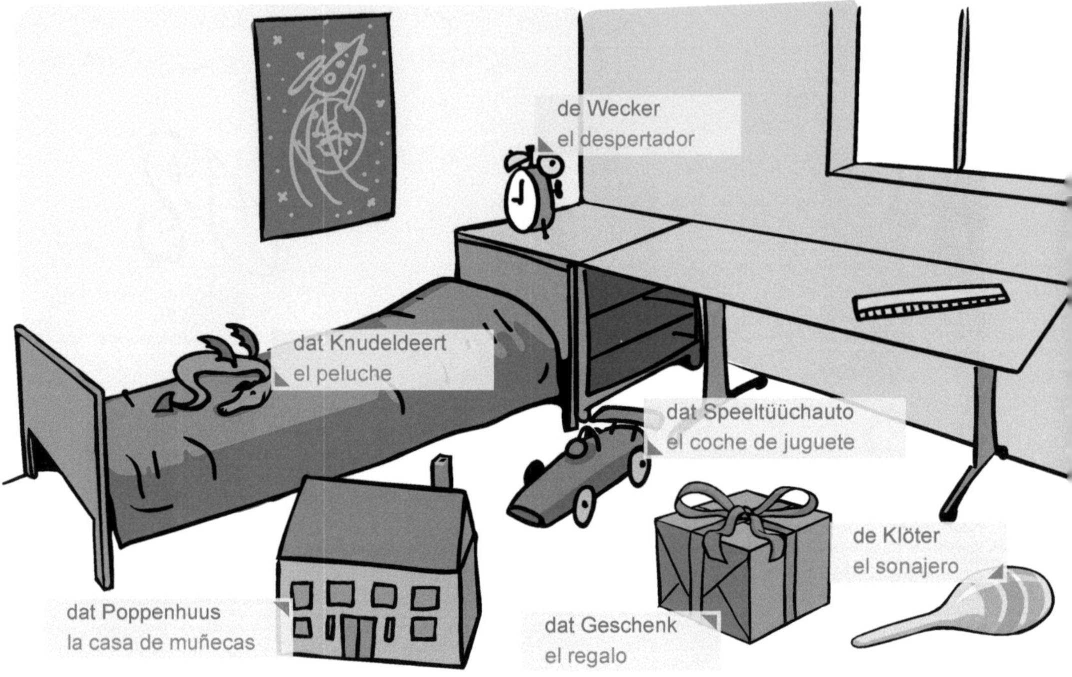

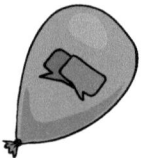

de Luftballon

el globo

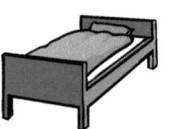

de Puuch

la cama

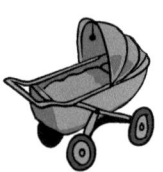

de Kinnerwagen

el cochecito

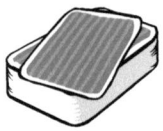

dat Koortenspeel

las cartas

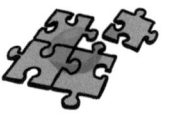

dat Puzzle

el rompecabezas

SUPER
MEGA

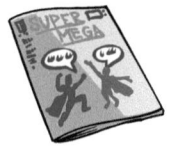

de Billergeschicht

la historieta

de Legostenen

las piezas de lego

de Bustenen

los ladrillos de juguete

de Action-Figur

la figura de acción

de Strampelantog

el enterito (de bebé)

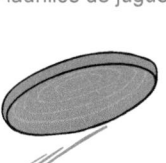

de Frisbeeschiev

el frisbee

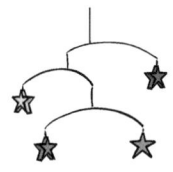

dat Mobile

el móvil para bebés

dat Brettspeel

el juego de mesa

de Wörpel

los dados

de Modelliesenbahn

el tren eléctrico

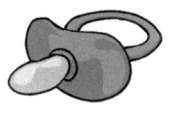

de Snuller

el chupete

de Party

la fiesta

dat Billerbook

el libro de cuentos ilustrado

de Ball

la pelota

de Popp

la muñeca

spelen

jugar

de Sandkassen

el arenero

de Schuckel

la hamaca

dat Speeltüüch

los juguetes

de Speelkonsool

la consola de videojuegos

dat Dreerad

el triciclo

de Teddyboor

el osito de peluche

dat Klederschapp

el armario

dat Tüüch

la ropa

de Socken

las medias

de Strümp

las medias panty

de Strumpbüx

las calzas

dat Halsdook
la bufanda

de Paraplü
el paraguas

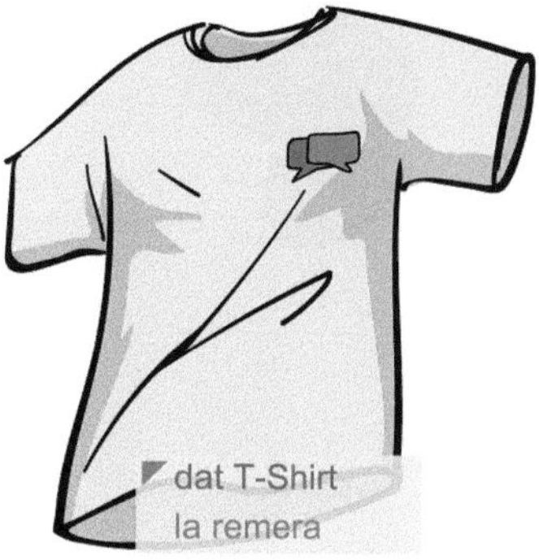

dat T-Shirt
la remera

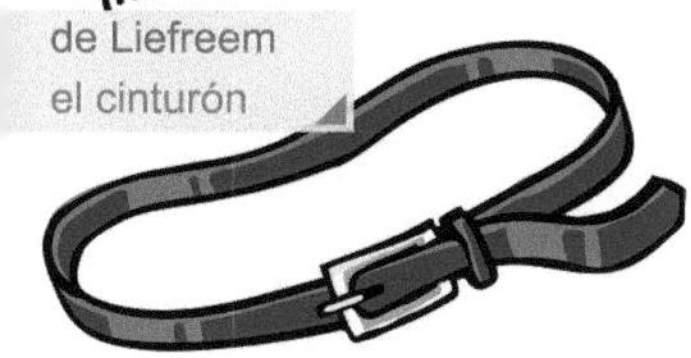

de Liefreem
el cinturón

de Turnschoh
las zapatillas

de Stevel
las botas

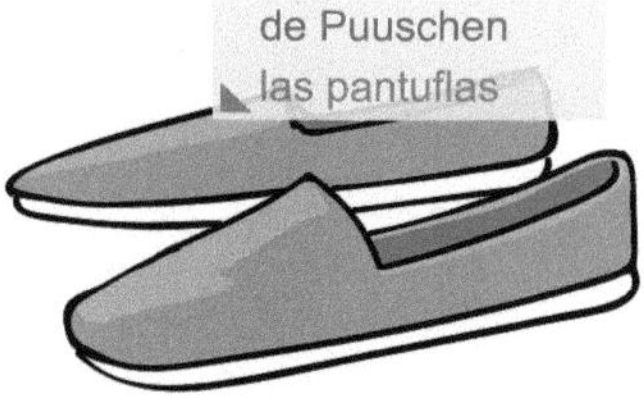

de Puuschen
las pantuflas

de Sandalen
....
las sandalias

de Schoh
....
los zapatos

de Gummistevel
....
las botas de goma

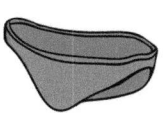

de Ünnerbüx
....
la ropa interior

de Bostholler
....
el corpiño

dat Ünnerhemd
....
el chaleco

de Lief

el body

de Büx

los pantalones

de Jeansnüx

los jeans

de Rock

la pollera

de Bluus

la blusa

dat Hemd

la camisa

de Pullover

el pulóver

de Kapuzenpullover

el buzo

de Blazer

el blazer

de Jack

la campera

de Mantel

el tapado

de Övertrecker

el piloto

dat Kostüm

el traje

dat Kleed

el vestido

dat Hochtietskleed

el vestido de novia

de Antog

el traje

dat Nachtkleed

el camisón

de Slaapantog

el pijama

de Sari

el sari

dat Koppdook

el pañuelo para la cabeza

de Turban

el turbante

de Burka

la burka

de Kaftan

el caftán

de Abaya

la abaya

de Baadantog

el traje de baño

de Baadbüx

el short de baño

de Korte Büx

los shorts

de Antog to'n Öven

el jogging

de Schört

el delantal

de Handschoh

los guantes

de Knopp

el botón

de Brill

los anteojos

dat Armband

la pulsera

de Halskeed

el collar

de Ring

el anillo

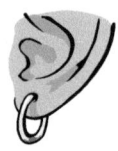

de Ohrbummel

el aro

de Mütz

la gorra

de Klederbögel

la percha

de Hoot

el sombrero

de Binner

la corbata

de Rietslüter

el cierre

de Helm

el casco

dat Drachtband

los tiradores

de Schooluniform

el uniforme escolar

de Uniform

el uniforme

de Severböten
....
el babero

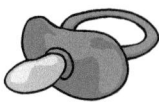

de Snuller
....
el chupete

de Winnel
....
el pañal

dat Büro
la oficina

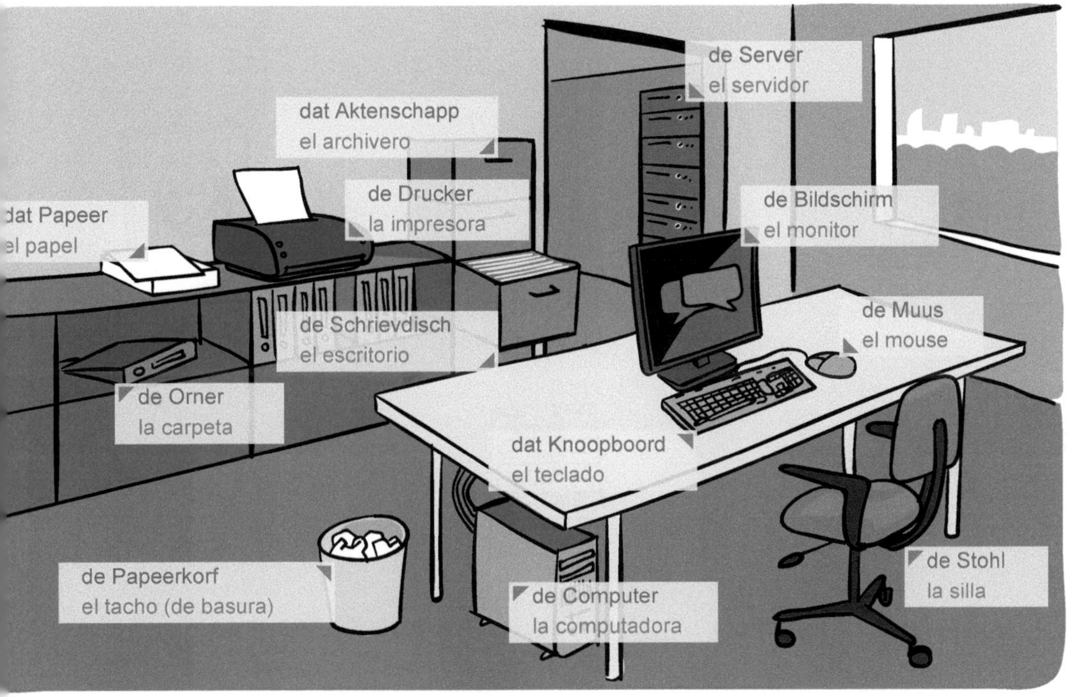

de Server
el servidor

dat Aktenschapp
el archivero

de Drucker
la impresora

de Bildschirm
el monitor

dat Papeer
el papel

de Muus
el mouse

de Schrievdisch
el escritorio

de Orner
la carpeta

dat Knoopboord
el teclado

de Papeerkorf
el tacho (de basura)

de Stohl
la silla

de Computer
la computadora

de Koffiebeker
....
la taza de café

de Taschenreekner
....
la calculadora

dat Internet
....
el internet

de Klappreekner

la laptop

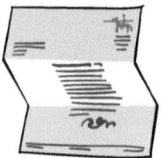

de Breef

la carta

de Naricht

el mensaje

de Ackersnacker

el celular

dat Nettwark

la red

de Kopeerapparat

la fotocopiadora

de Software

el software

de Klöönkassen

el teléfono

de Steekdoos

el tomacorriente

de Faxapparat

el fax

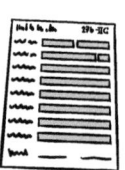

dat Formulor

el formulario

dat Dokument

el documento

köpen

comprar

betahlen

pagar

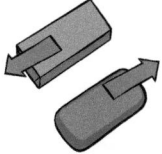

hanneln

hacer negocios

dat Geld

el dinero

de Dollar

el dólar

de Euro

el euro

de Yen

el yen

de Ruvel

el rublo

de Swiezer Franken

el franco suizo

de Renminbi Yuan

el yuan

de Rupie

la rupia

de Geldautomat

el cajero automático

de Wesselstuuv

la casa de cambio

dat Gold

el oro

dat Sülver

la plata

dat Ööl

el petróleo

de Energie

la energía

de Pries

el precio

de Verdrag

el contrato

de Stüer

el impuesto

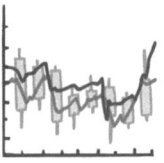

de Andeelschien

la acción

arbeiden

trabajar

de Anstellte

el empleado

de Arbeitgever

el empleador

de Fabrik

la fábrica

de Hökerie

el negocio

de Profeschonen
las ocupaciones

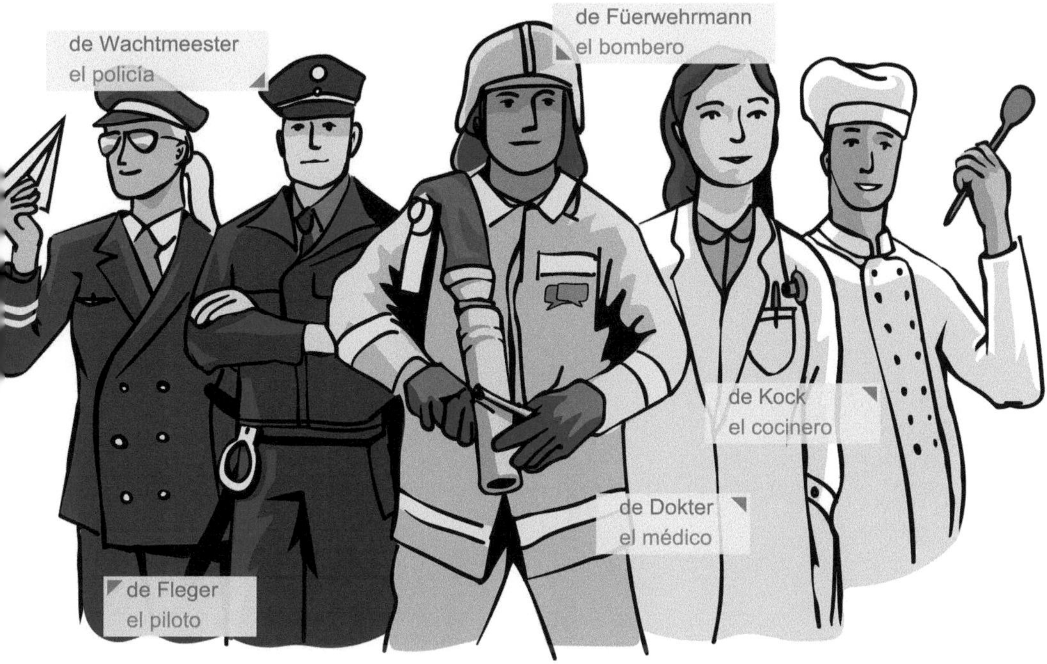
de Wachtmeester
el policía
de Füerwehrmann
el bombero
de Kock
el cocinero
de Dokter
el médico
de Fleger
el piloto

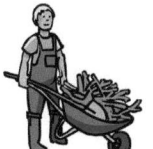

de Goorner

el jardinero

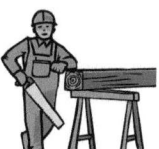

de Discher

el carpintero

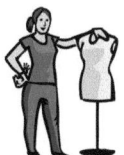

de Neihersche

la modista

de Richter

el juez

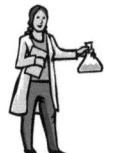

de Chemiker

el farmacéutico

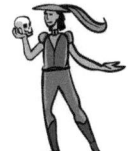

de Schauspeler

el actor

de Busfohrer

el colectivero

de Taxifohrer

el taxista

de Fischer

el pescador

de Reinmaakfru

la mucama

de Dackdecker

el techista

de Kellner

el mozo

de Jäger

el cazador

de Maler

el pintor

de Bäcker

el panadero

de Elektriker

el electricista

de Buarbeider

el albañil

de Ingenieur

el ingeniero

de Slachter

el carnicero

de Klempner

el plomero

de Postbüdel

el cartero

de Suldat

el soldado

de Architekt

el arquitecto

de Kasserer

el cajero

de Florist

el florista

de Putzbüdel

el peluquero

de Schaffner

el cobrador

de Mechaniker

el mecánico

de Kaptein

el capitán

de Tähndokter

el dentista

de Wetenschopler

el científico

de Rabbi

el rabino

de Imam

el imán

de Mönk

el monje

de Paap

el sacerdote

dat Warktüüch

las herramientas

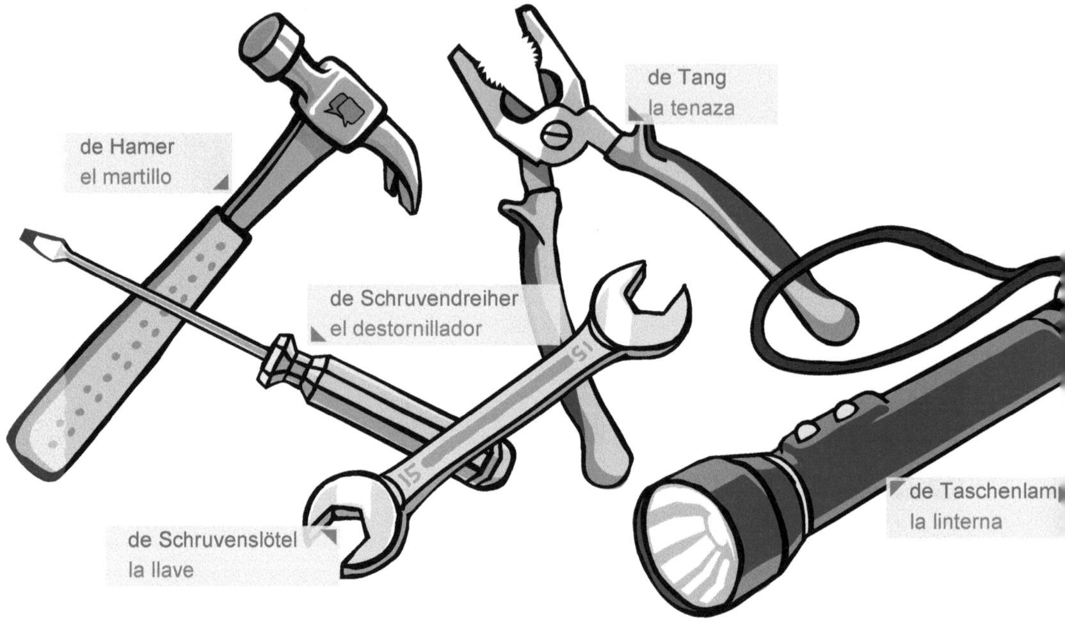

de Hamer
el martillo
de Tang
la tenaza
de Schruvendreiher
el destornillador
de Schruvenslötel
la llave
de Taschenlam
la linterna

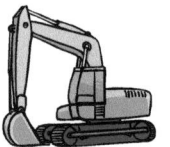

de Grieper

la excavadora

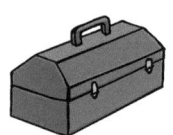

de Warktüüchkassen

la caja de herramientas

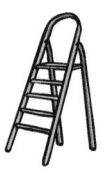

de Ledder

la escalera portátil

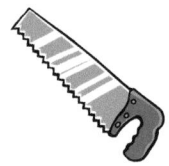

de Saag

la sierra

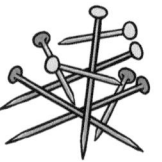

de Nagels

los clavos

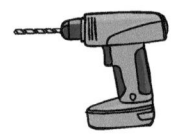

de Bohrer

el taladro

heelmaken
arreglar

de Schüffel
la pala de jardín

Schiet!
¡Qué bronca!

dat Kehrblick
la pala de plástico

de Farvpott
el tacho de pintura

de Schruven
los tornillos

de Musikinstrumenten
los instrumentos musicales

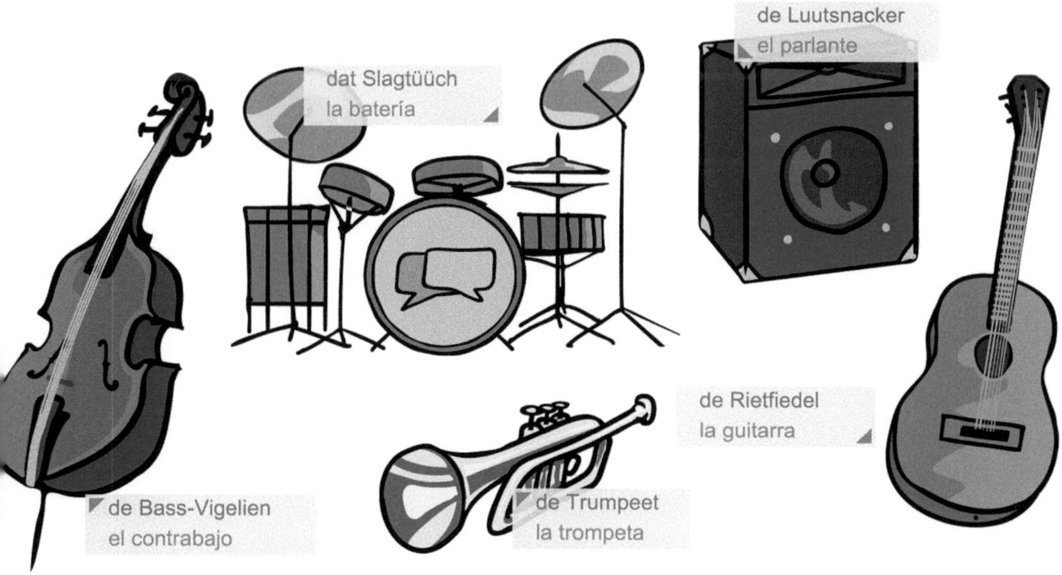

de Luutsnacker
el parlante

dat Slagtüüch
la batería

de Bass-Vigelien
el contrabajo

de Trumpeet
la trompeta

de Rietfiedel
la guitarra

dat Klaveer

el piano

de Vigelien

el violín

de Bass

el bajo

de Pauk

los timbales

de Trummeln

el tambor

dat Keyboard

el teclado

dat Saxophon

el saxofón

de Fleut

la flauta

dat Mikrofoon

el micrófono

de Deertenpark

el zoológico

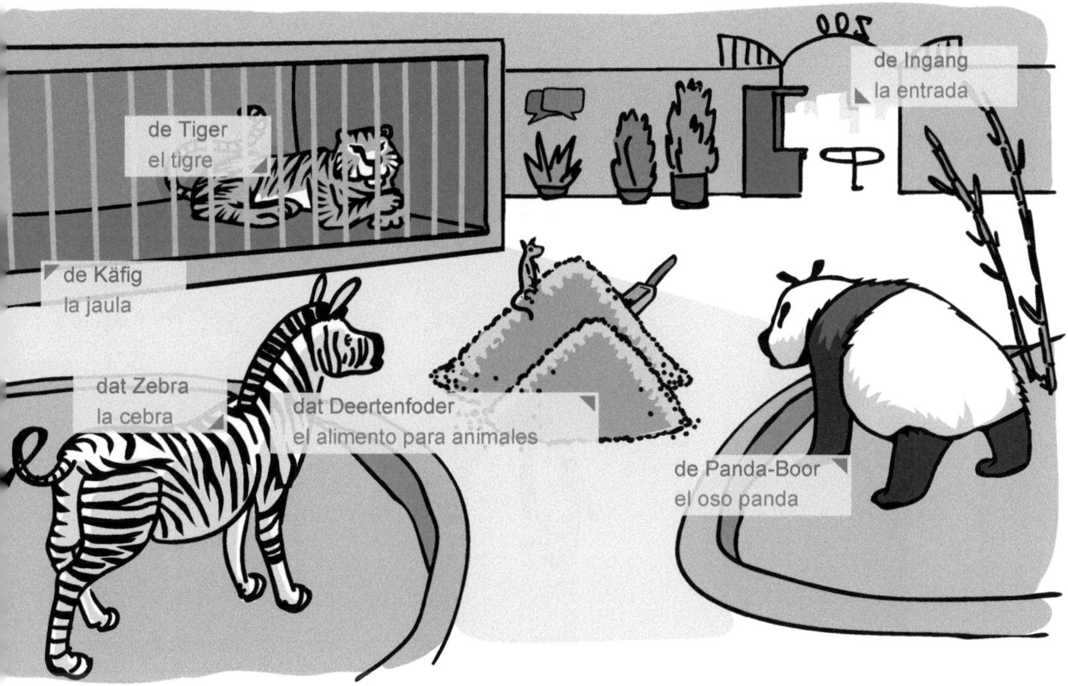
de Ingang
la entrada
de Tiger
el tigre
de Käfig
la jaula
dat Zebra
la cebra
dat Deertenfoder
el alimento para animales
de Panda-Boor
el oso panda

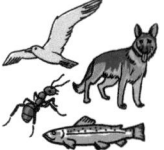

de Deerten

los animales

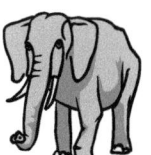

de Elefant

el elefante

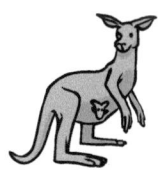

dat Känguru

el canguro

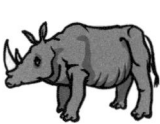

dat Neeshoorn

el rinoceronte

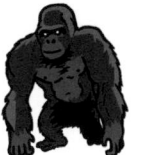

de Gorilla

el gorila

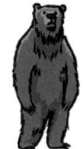

de Boor

el oso

dat Kameel

el camello

de Struuß

el avestruz

de Lööv

el león

de Aap

el mono

de Flamingo

el flamenco

de Papagoi

el loro

de Iesboor

el oso polar

de Pinguin

el pingüino

de Haifisch

el tiburón

de Pageluun

el pavo real

de Slang

la serpiente

dat Krokodil

el cocodrilo

de Oppasser in'n
Deertenpark

el cuidador del zoológico

de Saalhund

la foca

de Jaguor

el jaguar

dat Pony

el poni

de Leopard

el leopardo

dat Nilpeerd

el hipopótamo

de Giraff

la jirafa

de Aadler

el águila

dat Wildswien

el jabalí

de Fisch

el pescado

de Schildkrööt

la tortuga

dat Walross

la morsa

de Voss

el zorro

de Gazell

la gacela

de Amerikaansch Football
el fútbol americano

dat Radfohren
el ciclismo

dat Tennis
el tenis

de Korfball
el básquet

dat Swümmen
la natación

dat Boxen
el boxeo

dat Ieshockey
el hockey sobre hielo

de Football

el fútbol

dat Fedderball

el bádminton

de Leichtathletik

el atletismo

de Handball

el handball

dat Skilopen

el esquí

dat Polo

el polo

de Aktivitäten
las actividades

springen
saltar
ümarmen
abrazar
lachen
reír
gahn
caminar
singen
cantar
drömen
soñar
beden
rezar
snuteln
besar

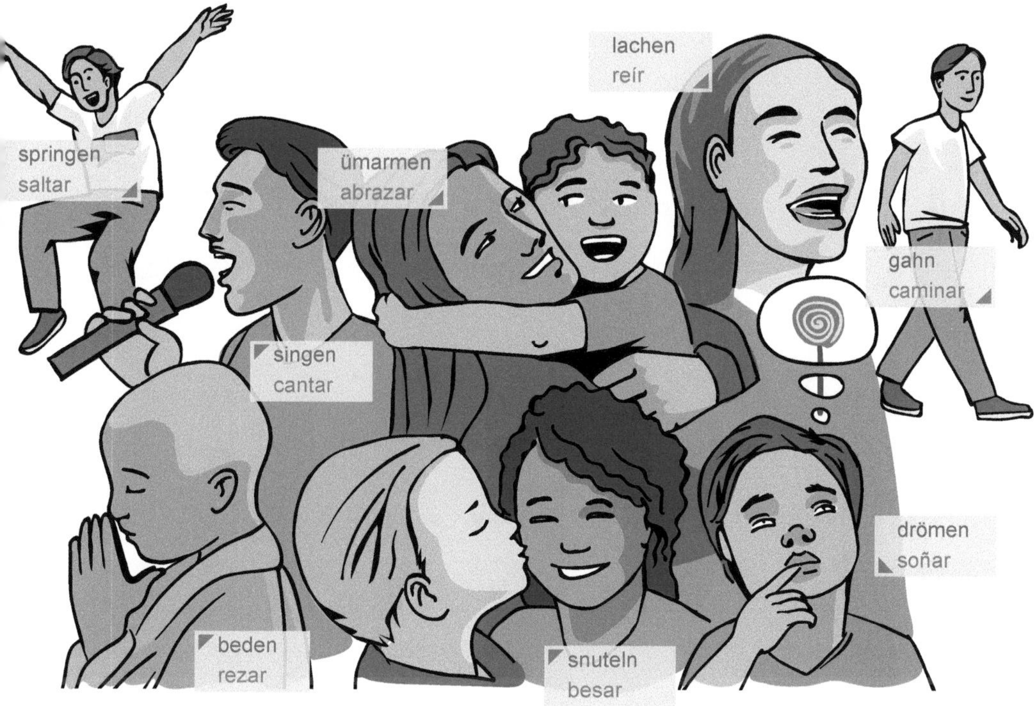

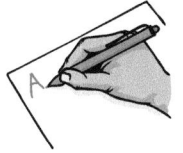

schrieven
escribir

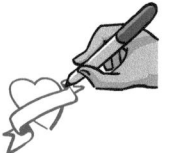

teken
dibujar

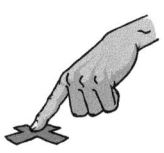

wiesen
mostrar

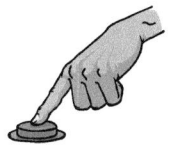

drücken
presionar

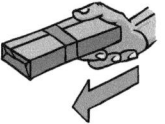

geven
dar

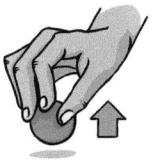

nehmen
tomar

hebben
tener

doon
hacer

sien
ser

stahn
estar parado

lopen
correr

trecken
tirar

smieten
tirar

fallen
caer

liggen
estar acostado

töven
esperar

dregen
llevar

sitten
estar sentado

antrecken
vestirse

slapen
dormir

opwaken
despertar

ankieken

mirar

wenen

llorar

eien

acariciar

kämmen

peinar

snacken

hablar

verstahn

entender

fragen

preguntar

hören

escuchar

drinken

beber

eten

comer

oprümen

ordenar

leefhebben

amar

kaken

cocinar

fohren

manejar

flegen

volar

segeln

navegar

reken

calcular

lesen

leer

lehren

aprender

arbeiden

trabajar

de Plünnen tohoopsmieten

casarse

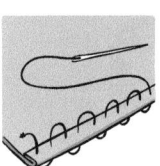

neihen

coser

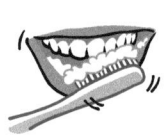

Tähnen putzen

cepillarse los dientes

dootmaken

matar

smöken

fumar

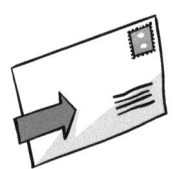

schicken

enviar

de Familje
la familia

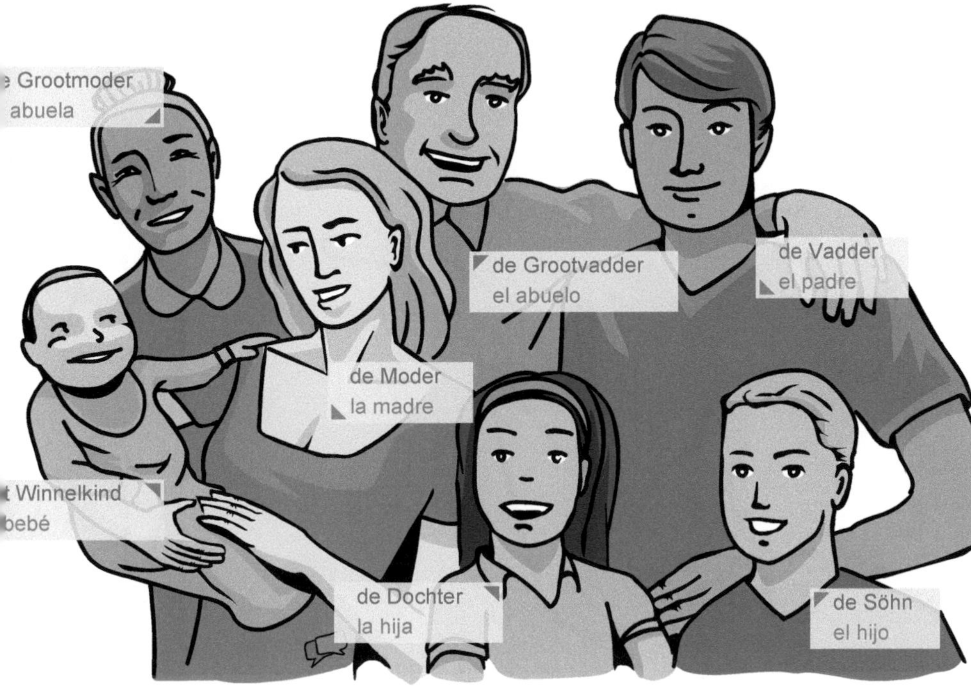
Grootmoder
abuela
de Grootvadder
el abuelo
de Vadder
el padre
de Moder
la madre
Winnelkind
bebé
de Dochter
la hija
de Söhn
el hijo

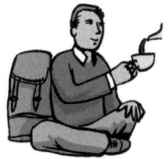

de Gast

el invitado

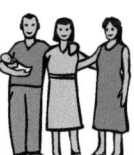

de Tant

la tía

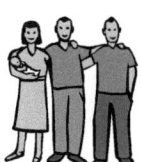

de Unkel

el tío

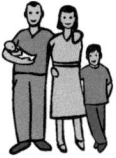

de Broder

el hermano

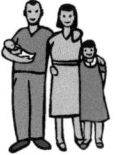

de Süster

la hermana

de Lief

el cuerpo

de Vörkopp
la frente
dat Oog
el ojo
de Schuller
el hombro
de Finger
el dedo
dat Gesicht
la cara
dat Kinn
la pera
de Hand
la mano
dat Been
la pierna
de Bost
el pecho
de Arm
el brazo

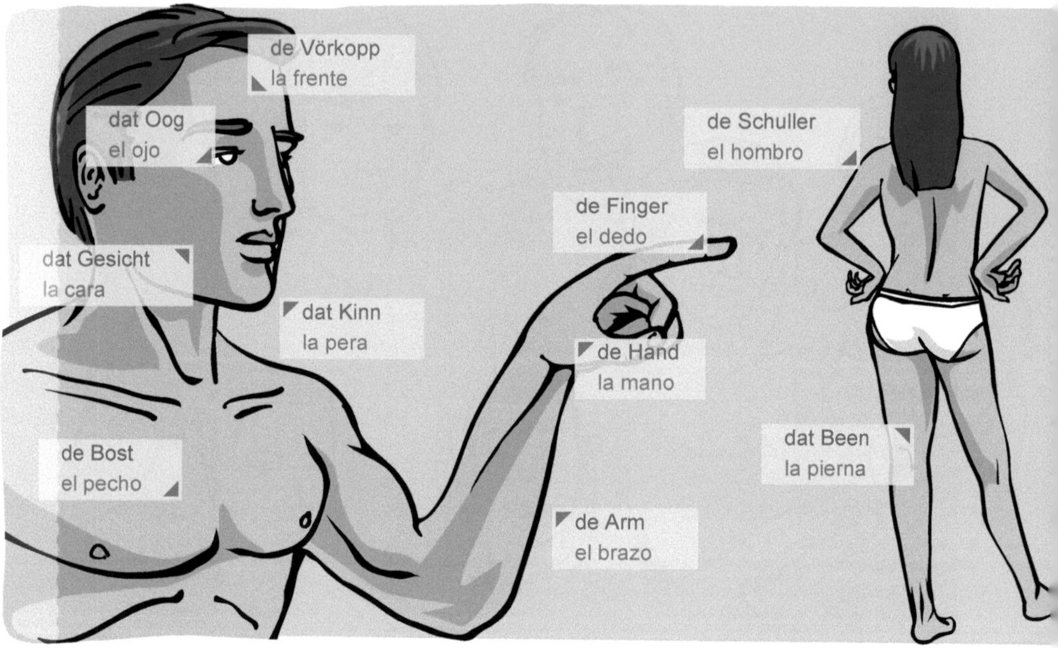

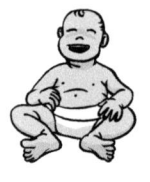

dat Winnelkind

el bebé

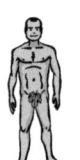

de Mann

el hombre

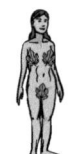

de Fro

la mujer

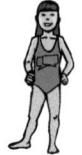

de Deern

la nena

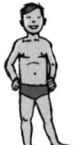

de Jung

el nene

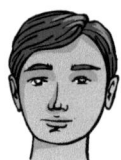

de Arm

la cabeza

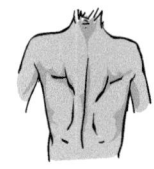

de Rüch

la espalda

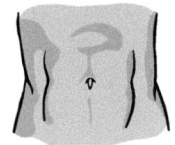

de Buuk

la panza

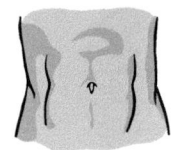

de Navel

el ombligo

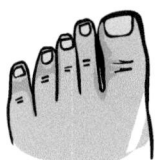

de Teh

el dedo del pie

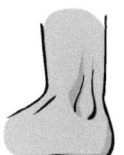

de Hack

el talón

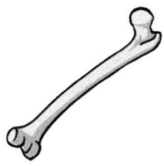

de Knaken

el hueso

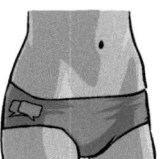

de Hüft

la cadera

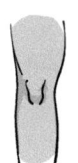

dat Knee

la rodilla

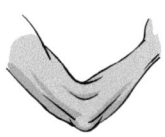

de Ellbagen

el codo

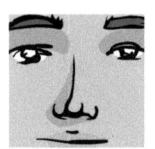

de Nees

la nariz

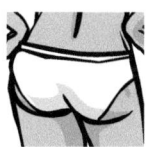

de Achtersen

la cola

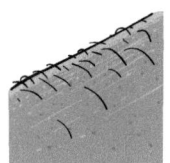

de Huut

la piel

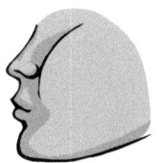

de Back

el cachete

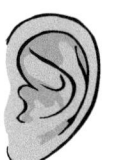

dat Ohr

la oreja

de Lipp

el labio

de Mund

la boca

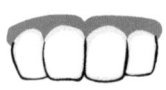

de Tähn

el diente

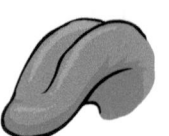

de Tung

la lengua

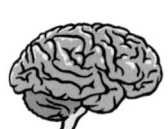

de Bregen

el cerebro

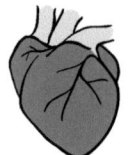

dat Hart

el corazón

de Muskel

el músculo

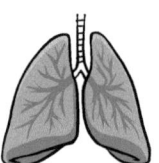

de Lung

el pulmón

de Lever

el hígado

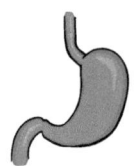

de Maag

el estómago

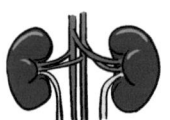

de Neren

los riñones

de Bislaap

el sexo

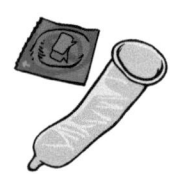

dat Kondoom

el preservativo

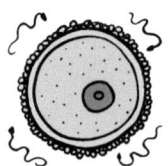

de Eizell

el óvulo

dat Sperma

el semen

de Anner Ümstänn

el embarazo

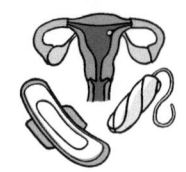

de Menstruatschoon

la menstruación

de Scheed

la vagina

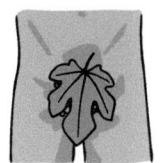

de Pint

el pene

de Ogenbroe

la ceja

dat Hoor

el pelo

de Hals

el cuello

dat Krankenhuus
el hospital

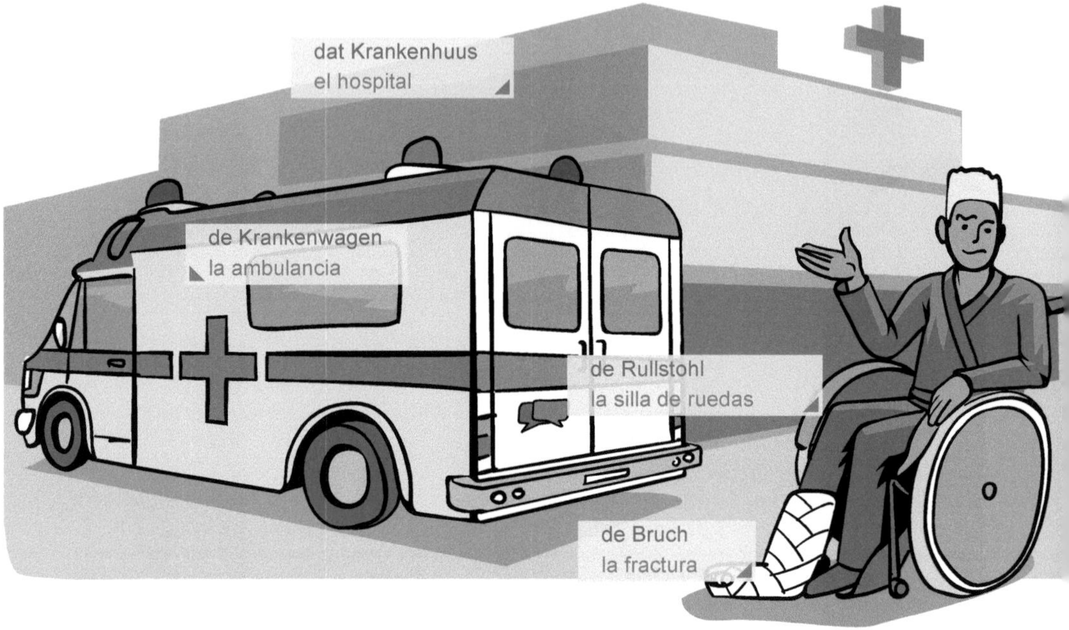

dat Krankenhuus
el hospital
de Krankenwagen
la ambulancia
de Rullstohl
la silla de ruedas
de Bruch
la fractura

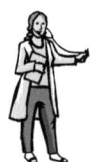

de Dokter

el médico

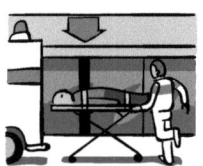

de Nootopnahm

la sala de guardia

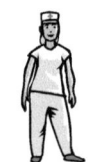

de Krankensüster

la enfermera

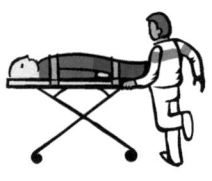

de Nootfall

la emergencia

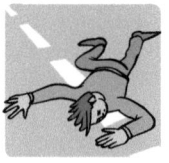

ahnmächtig

inconsciente

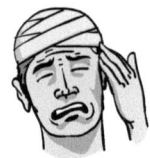

de Wehdaag

el dolor

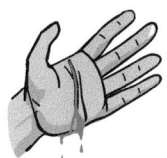

de Verwunnen

la lesión

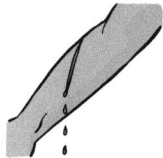

de Blöden

la hemorragia

de Hartinfarkt

el infarto

de Slaganfall

el ACV

de Allergie

la alergia

de Hoosten

la tos

dat Fever

la fiebre

de Gripp

la gripe

de Dörchfall

la diarrea

de Koppwehdaag

el dolor de cabeza

de Kreeft

el cáncer

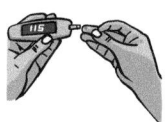

de Zuckersüük

la diabetes

de Chirurg

el cirujano

dat Chirurgsch Mess

el bisturí

de Operatschoon

la operación

dat Krankenhuus - el hospital 73

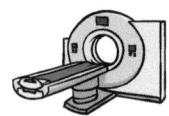

dat CT

la TC

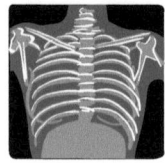

de Dörchlüchten

los rayos x

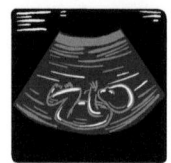

de Ultraschall

la ecografía

de Mask

el barbijo

de Krankheit

la enfermedad

de Töövruum

la sala de espera

de Krück

la muleta

dat Plaaster

la curita

de Verband

la venda

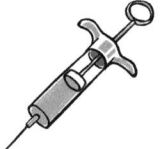

de Insprütten

la inyección

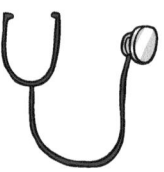

dat Stethoskop

el estetoscopio

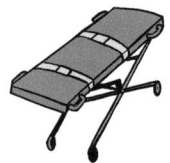

de Draag

la camilla

dat Feverthermometer

el termómetro

de Geboort

el nacimiento

dat Övergewicht

el sobrepeso

de Höörapparat

el audífono

dat Kiemfriemiddel

el desinfectante

de Ansteken

la infección

de Virus

el virus

dat HIV / AIDS

el VIH / SIDA

dat Heelmiddel

el remedio

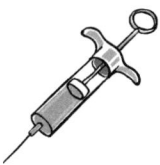

de Impen

la vacunación

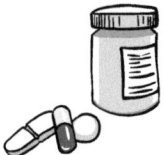

de Tabletten

los comprimidos

de Pill

la pastilla anticonceptiva

de Nootroop

llamada de emergencia

de Blootdruck-Meter

el tensiómetro

krank / gesund

enfermo / sano

Hölp!

¡Ayuda!

de Alarm

la alarma

de Överfall

la agresión

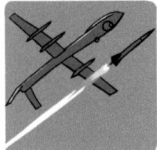

de Angreep

el ataque

de Gefohr

el peligro

de Nootutgang

la salida de emergencia

dat Füer!

¡Fuego!

de Füerlöscher

el matafuego

de Unfall

el accidente

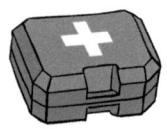

de Noothölpkoffer

el botiquín de primeros
auxilios

SOS

el SOS

de Polizei

la policía

Europa

Europa

Noordamerika

América del Norte

Süüdamerika

América del Sur

Afrika

África

Asien

Asia

Australien

Australia

de Atlantik

el Atlántico

de Pazifik

el Pacífico

dat Indisch Weltmeer

el Océano Índico

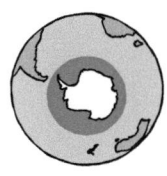

dat Antarktisch Weltmeer

el Océano Antártico

dat Arktisch Weltmeer

el Océano Ártico

de Noordpol

el polo norte

de Süüdpol

el polo sur

de Antarktis

la Antártida

de Eerd

la Tierra

dat Land

la tierra

de See

el mar

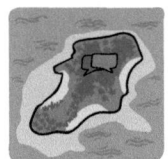

dat Eiland

la isla

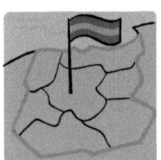

de Natschoon

la nación

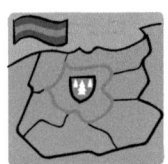

de Staat

el estado

dat Tallenblatt

la esfera

de Stunnenwieser

la manecilla de las horas

de Minutenwieser

el minutero

de Sekunnenwieser

el segundero

Wo laat is dat?

¿Qué hora es?

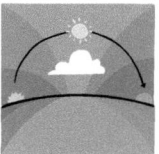

de Dag

el día

de Tiet

la hora

nu

ahora

de digetaalsch Klock

el reloj digital

de Minuut

el minuto

de Stunn

la hora

de Week

la semana

de Maandag
lunes

de Middeweek
miércoles

de Friedag
viernes

de Dingsdag
martes

de Dunnersdag
jueves

de Sünnavend
sábado

de Sünndag
domingo

güstern

ayer

hüüt

hoy

morgen

mañana

de Morgen

la mañana

de Meddag

el mediodía

de Avend

la tarde

de Arbeitsdaag

los días hábiles

dat Wekenenn

el fin de semana

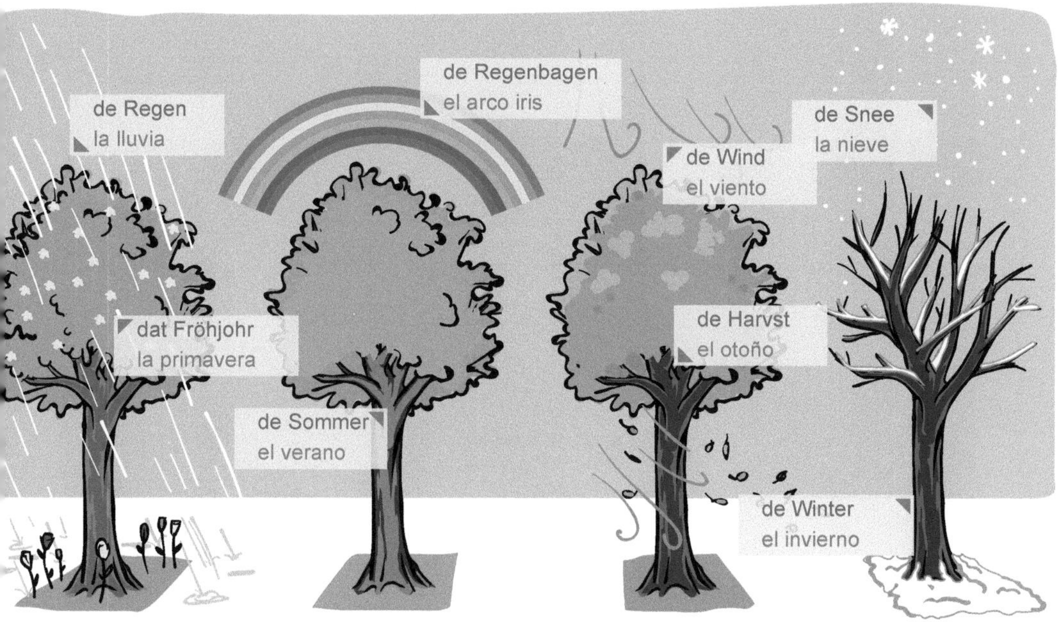

de Regen
la lluvia
de Regenbagen
el arco iris
de Snee
la nieve
de Wind
el viento
dat Fröhjohr
la primavera
de Harvst
el otoño
de Sommer
el verano
de Winter
el invierno

4.APRIL 11°
5.APRIL 4°
6.APRIL 13°
7.APRIL 8°
8.APRIL 10°

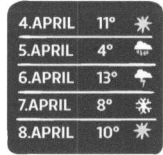

de Wedervörhersaag

pronóstico meteorológico

F C
120 90 60 30 0 -30
40 30 20 10 0 -10 -20

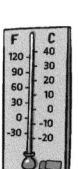

dat Thermometer

el termómetro

de Sünnenschien

la luz del sol

de Wulk

la nube

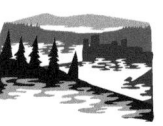

de Nevel

la niebla

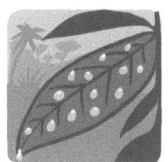

de Luftfuchtigkeit

la humedad

de Blitz

el rayo

de Dunner

el trueno

de Storm

la tormenta

de Hagel

el granizo

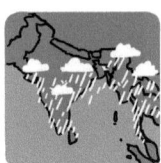

de Monsun

el monzón

de Floot

la inundación

dat les

el hielo

de Januormaand

enero

de Februormaand

febrero

de Martmaand

marzo

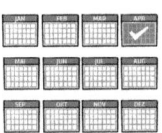

de Aprilmaand

abril

de Maimaand

mayo

de Junimaand

junio

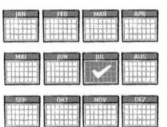

de Julimaand

julio

de Augustmaand

agosto

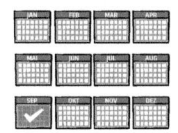

de Septembermaand
....
septiembre

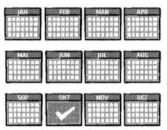

de Oktobermaand
....
octubre

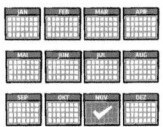

de Novembermaand
....
noviembre

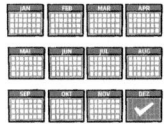

de Dezembermaand
....
diciembre

de Formen
las formas

de Krink
....
el círculo

dat Quadrat
....
el cuadrado

dat Rechteck
....
el rectángulo

dat Dreeeck
....
el triángulo

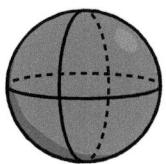

de Kugel
....
la esfera

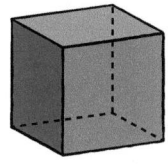

de Wörpel
....
el cubo

witt

blanco

geel

amarillo

orangsch

naranja

pink

rosa

root

rojo

lila

violeta

blau

azul

gröön

verde

bruun

marrón

gries

gris

swart

negro

veel / wenig

mucho / poco

böös / verdreeglich

enojado / tranquilo

smuck / mies

lindo / feo

de Begünn / dat Enn

el principio / el fin

groot / lütt

grande / chico

hell / düüster

claro / oscuro

de Broder / de Süster

el hermano / la hermana

schier / schietig

limpio / sucio

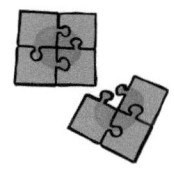

kumpleet / nich kumpleet

completo / incompleto

de Dag / de Nacht

el día / la noche

doot / lebennig

muerto / vivo

breet / small

ancho / angosto

geneetbor / nich geneetbor

....

comestible / no comestible

böös / fründlich

....

malo / amable

fickerig / langwielt

....

entusiasmado / aburrido

dick / dünn

....

gordo / flaco

toeerst / toletzt

....

primero / último

de Fründ / de Fiend

....

el amigo / el enemigo

vull / leddig

....

lleno / vacío

hart / week

....

duro / blando

swoor / licht

....

pesado / liviano

de Smacht / de Döst

....

el hambre / la sed

krank / gesund

....

enfermo / sano

nich na't Recht / na't Recht

....

ilegal / legal

klook / dummerhaftig

....

inteligente / estúpido

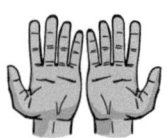

linkerhand / rechterhand

....

izquierda / derecha

neeg / feern

....

cerca / lejos

nieg / bruukt

nuevo / usado

nix / wat

nada / algo

oolt / jung

viejo / joven

an / ut

encendido / apagado

apen / slaten

abierto / cerrado

lies / luut

silencioso / ruidoso

riek / arm

rico / pobre

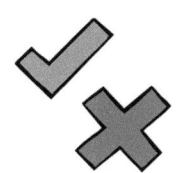

richtig / verkehrt

correcto / incorrecto

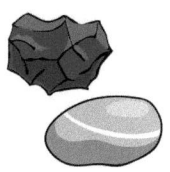

ruug / glatt

áspero / suave

trurig / glücklich

triste / contento

kort / lang

corto / largo

suutje / flink

lento / rápido

natt / dröög

mojado / seco

warm / köhl

caliente / frío

de Krieg / de Freden

guerra / paz

0

null

cero

1

een

uno

2

twee

dos

3

dree

tres

4

veer

cuatro

5

fief

cinco

6

söss

seis

7

söven

siete

8

acht

ocho

9

negen

nueve

10

teihn

diez

11

ölven

once

12

twölf

doce

13

dörteihn

trece

14

veerteihn

catorce

15

föffteihn

quince

16

sössteihn

dieciséis

17

söventeihn

diecisiete

18

achtteihn

dieciocho

19

negenteihn

diecinueve

20

twintig

veinte

100

hunnert

cien

1.000

dusend

mil

1.000.000

million

el millón

dat Engelsch

el inglés

dat Amerikaansch Engelsch

el inglés americano

dat Chineesch Mandarin

el chino mandarín

dat Hindi

el hindi

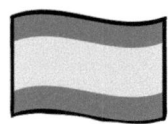

dat Spaansch

el español

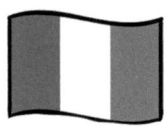

dat Franzöösch

el francés

dat Araabsch

el árabe

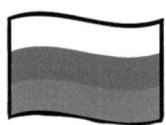

dat Rusch

el ruso

dat Portugiesch

el portugués

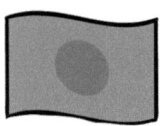

dat Bengaalsch

el bengalí

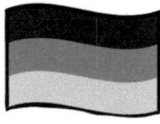

dat Düütsch

el alemán

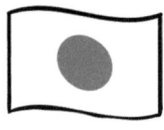

dat Japaansch

el japonés

ik
....
yo

du
....
vos

he / se / dat
....
él / ella

wi
....
nosotros

ji
....
ustedes

se
....
ellos

keen?
....
¿quién?

wat?
....
¿qué?

woans?
....
¿cómo?

woneem?
....
¿dónde?

wannehr?
....
¿cuándo?

de Naam
....
el nombre

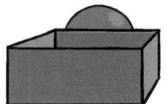

achter

detrás

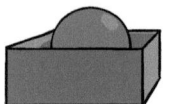

in

en

vör

adelante de

över

por encima de

op

sobre

ünner

debajo de

blangen

al lado de

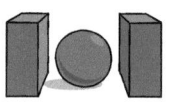

twüschen

entre

de Oort

el lugar